JN221588

Python

言語研究のための Python活用術

淺尾仁彦

開拓社

まえがき

　2013 年に李在鎬氏との共著で出版した『言語研究のためのプログラミング入門——Python を活用したテキスト処理』は，幸いにも好評を得て，増刷を重ねることができました．Python の入門書は無数に出版されていますが，IT エンジニアや理系の研究職，あるいはそれを目指す人向けに書かれたものが圧倒的に多いと思います．文系研究者のバックグラウンドや関心に寄り添って書かれた本として，本書は一定の役割を果たすことができたのではないかと考えています．

　2013 年時点ではまだ Python は初心者におすすめできるプログラミング言語の選択肢のひとつという印象でしたが，その後ブームとなった人工知能研究などにおいても事実上のスタンダードになったこともあって，Python の人気上昇はすさまじいものがあります．言語研究においても，大規模なコーパスの整備が進み，定量的な研究が盛んになってきたことで，プログラミングの重要性はますます高まっていると言えます．

　一方で，変化の激しいコンピュータ業界だけあって，出版から 10 年が経ち，記述の古いところが目立つようになってきました．また，さまざまな方との議論の中で，前著の不十分なところ，見直すべきところもわかってきました．そこで今回，前著を全面的に改稿し，現在の状況にふさわしい新版を出版することにしました．

　前著では Python をパソコンにインストールし，コマンド操作でプログラムを実行することを想定していましたが，この点で初心者にはハードルが高くなっていました．最近では特段の準備なしでもウェブ上ですぐに Python が実行できるサービスが整ってきているため，本書でもそれを利用するアプローチを取ることにしました．また，表形式のデータの処理についてもライブラリを用いた現代的なやり方に差し替えるなど，内容を大幅に見直しています．

　前著の執筆過程でご助力いただいた方々に加えて，本書には，前著の出版後に多くの方から頂いたコメントが生かされています．林由華氏，中川奈津子氏，松浦年男氏からは，本書の構想段階でのアイディアの提供や，草稿へのコメントを頂きました．感謝申し上げます．また，2020 年に松浦年男氏のお招きで北星学園大学で行った勉強会や，2022 年から開講している京都大学での講義の参加者からも多くのフィードバックを受けました．開拓社の川田賢氏には，本書の企画・編集を通じてさまざまなサポートを頂きました．全ての関係者の方のお名前をここに挙げることはできませんが，お礼申し上げます．本書に残る誤りや不適切な記述はすべて著者の責任です．

淺尾　仁彦

目　次

第 1 章

なぜプログラミング？

本書は，言語研究やそれに関連する人文系諸分野の方を主な対象として，テキストデータの処理を中心に，プログラミングの基本的な考え方を一歩一歩学んでいく入門書です．

はじめに，そもそもなぜプログラミングを学ぶ必要があるのかについて考えてみましょう．主に以下の 3 つの理由が挙げられると思います．

1. できることが「誰かが機能を作ってくれたかどうか」に縛られない
2. 処理がブラックボックスにならない
3. 研究の再現性が確保しやすい

1 点目は，プログラミングを使うことの最も明確なメリットだと言うことができるでしょう．既存のアプリを使いこなすだけでもさまざまなことが可能ですが，そのようなアプリの開発者が用意してくれるのは，結局のところ，多くのユーザが必要とするであろう最大公約数的な機能だけです．ところが，研究というのはひとつひとつがユニークなものです．優れた研究を目指すなら，「アプリに機能がなかったのでできませんでした」で終わりというわけにはいきません．プログラミングを身につければ，そのような場面で「自分で必要な機能を作る」ことができるようになるわけです．

2 点目は，処理がブラックボックスにならないという点です．ボタンを押すだけですぐに検索結果や集計結果が出るアプリに頼るのは手軽ですが，そ

の反面，背後でどのような処理が行われているのか理解しないままになりがちです．手軽なアプリを使うのが良くないということではありませんが，その裏側を覗いてみることで，自分がどのような操作をしようとしているのか，そこにはどのような潜在的な問題があるのか，より深く理解することができます．

3点目は，研究の再現性です．これには2つのポイントがあると思います．ひとつは，本書で扱うPythonのようなプログラミング言語は完全に公開され，世の中に広く浸透していますので，近い将来に使えなくなるという心配がないということです．それに対して，特定のコーパス検索サービスなどに依存した研究を行っていると，そのサービスが終了した途端に研究が再現できなくなってしまうという心配があります．

もうひとつは，研究におけるデータの加工の過程などをプログラミングで表現した場合，そのプログラム自体が作業手順の記録になり，2回目以降は簡単に同じ手順を再現できるようになるということです．それだけではありません．そのプログラムを公開すれば，他の人が検証したり，さらに発展させたりすることもできます．

最初はプログラムを書くのに時間がかかってしまい，すべて手作業で行ったほうが早かったのでは，と思うことがあるかもしれません．しかし，じつは事前に用意したデータに誤りがあり，全部のステップをやり直さないといけないことが分かったとしたらどうでしょうか？　同じ作業を他のデータでも繰り返すことになった場合はどうでしょうか？　作業の手順がプログラムで書かれていれば，2回目以降はそのプログラムを実行するだけです．それに対して，手作業では基本的にまた1回目と同じ時間がかかってしまいます．このような場面で，プログラミングの威力は絶大です．

すべての研究者が自分でプログラミングをしなければいけないかというと，必ずしもそうではないと思います．むしろ，プログラミングはプログラミングの専門家に任せるなど，各人の強みを生かして分業することが望ましいとも言えるかもしれません．ただし，その場合でも，「ここは専門の人に任せよう」と判断するセンスが必要です．そもそも「これはプログラミングで解決できる問題だ」と気付くことができなければ，そこであきらめてし

まったり，誰かにプログラムを書いてもらえばすぐに解決することを手作業で行って，無駄な時間を費やしてしまったりといったことになりかねません．たとえプログラムを将来書くのが自分ではないとしても，やはりプログラミングの基礎を学んでおくのはとても有意義なことだと思います．

　本書ではプログラミング言語として Python を使います．プログラミング言語は無数にありますが，Python は近年特に人気が高い言語です．もともと教育用に作られたということもあって，初心者にもわかりやすいのが特徴です．本書は基本的にテキストデータの処理を扱いますが，Python は画像や音声を処理することもできます．さらに Python は本格的な科学技術計算や人工知能，ウェブ開発などでも活発に使われていますので，Python の基礎を学んでおくことは，将来別の世界に踏み込みたいと思ったときの足がかりにもなります．また，Python 以外のプログラミング言語が必要になったとしても，よく使われているプログラミング言語の考え方の基本は驚くほど同じですので，Python を学んだ経験が無駄になることは決してありません．

　本書は，文系学生・研究者向けの「はじめの一歩」となれるよう，基本的な考え方を丁寧に学んでいくことを重視しています．そのなかで，少しずつ実用的なことができるようになることが感じられるよう工夫しています．見栄えのする結果がすぐに出てくるプログラムを紹介し，それをひとっとびで実行してもらうこともできるのですが，自身の目的のために新しいプログラムを作ろうと思った場合は，結局は基礎をしっかりと学んでいることが早道だと考えるからです．一方，本書は網羅性は重視していません．基本的な機能であっても，本書の説明の流れでは必要ないと判断した内容については大胆に省略しています．Python を本格的に学びたい方は，この本を読み終えたあとで，さらに進んだ本で勉強されることをおすすめします（巻末の文献案内をご覧ください）．

　本書の構成は以下のようになっています．第 2 章と第 3 章ではプログラミングに入る前の準備です．第 2 章ではテキストデータの基礎知識と，テキストデータをテキストエディタで閲覧する方法について学びます．第 3 章ではテキストエディタを用いたテキストの検索や置換に取り組みます．第 4 章でいよいよプログラミングに入ります．まずは Python で簡単な計算を

してみましょう．第5章からは，Python でコーパスを読み込んで検索や集計を行うことを通して，条件分岐（第5章）やループ（第6章）などのプログラムの流れの制御，リスト（第7章）やディクショナリ（第8章）などの Python のデータの扱いを学んでいきます．第9章からはもう少し進んだ内容になります．第9章では関数の作り方，第10章では表形式のデータについて扱います．第11章ではここまでの内容を踏まえて，より実用的な応用例をいくつか紹介します．

　本書で紹介したプログラムの利用について許諾などは必要ありません．ご自由にご利用ください．本書の内容には万全を期していますが，本書のプログラムを実行したことによって生じた損害などについて責任を負うことはできませんのでご了承ください．

サポートサイトについて

　本書はサポートサイトを用意しています．

　　　https://www.kaitakusha.co.jp/book/book.php?c=2410

　本書で紹介する主要な Python のプログラムは，こちらの URL からアクセス可能です．プログラムを手入力で書き写すのも練習としては悪くないのですが，本筋とは関係のない思わぬところで入力ミスをしてエラーが出てしまい，解決に苦労するといったことになりがちです．サポートサイトからプログラムをコピーしていただければ，そのような心配はありません．また，サポートサイトでは，本書出版後に見つかった誤りや，本書で紹介しているサービスの仕様に変更が生じた場合などについても対応を行う予定です．

第2章

テキストデータに親しもう

　　コンピュータを用いた言語研究では，文字だけから成る「テキストファイル」の扱いに慣れることが大事です．この章ではまずテキストファイルと，テキストファイルを扱うためのソフトウェアであるテキストエディタに親しみましょう．テキストファイルを扱う際につまずきやすいポイントである文字コードについても説明します．

2.1.　テキストファイルとテキストエディタ

テキストファイル

　コンピュータのファイルは，テキストファイルとそうでないファイルに分けることができます．**テキストファイル**というのは，文字（改行などの特殊な「制御文字」を含みます）の羅列だけから成るファイルです．

　コンピュータでは，ファイルの種類は拡張子によって区別されています．[1] テキストファイルには .txt という拡張子がよく使われますが，テキストファイルの拡張子が .txt であるとは限りません．例えば，ウェブページ

---

[1] Windows のエクスプローラや Mac の Finder ではデフォルトでは拡張子が表示されないようになっているので，拡張子を表示するには設定変更が必要です．なお，拡張子はあくまでどのような種類のファイルであるかをわかりやすくするための名前にすぎません．拡張子を変えたからといってそれに合わせて中身が変わるわけではありません．システムによっては，拡張子を使用する習慣がないものもあります．

の内容を書くのに使われる HTML ファイル（.html），カンマ区切りで表を表現した CSV ファイル（.csv），また本書では直接扱いませんが Python のプログラムのファイル（.py）も，文字だけから成るテキストファイルです．

　テキストファイルに対して，文字以外の情報をもつファイルは**バイナリファイル**と呼ばれます．.jpg のような画像ファイル，.mp3 のような音声ファイルはもちろん，例えば，Microsoft Word のファイル（.docx）も，テキストの情報以外にも見た目などに関するさまざまな情報を含み，それをさらに圧縮したものですので，テキストファイルではありません．

　テキストファイルは文字情報だけから成るファイルですので，例えばフォントや文字サイズなどを変えて装飾したり，画像を挿入したりすることはできません．そのため，一見，非常に無味乾燥な見た目をしています．なぜテキストファイルに親しむ必要があるのでしょうか？

　言語研究においてテキストファイルが重要なのは，それが文字を扱ううえで最も基本的なデータ形式だからです．テキストデータはコンピュータの種類を問わずどんな環境でも使うことができ，将来にわたって，使われなくなることはまず考えられません．特定の企業によるアプリで作ったバイナリデータの場合，同じアプリを入手しなければ正確に内容が再現できないといったことが起きます（同じ企業のアプリであっても，バージョンが異なると開けなかったりします）．テキストファイルには，そのような心配はありません．また，本書で扱う Python のようなプログラミング言語を含めて，テキストデータを処理することのできる無数のツール群が存在しています．研究目的で文字データを収集，加工，蓄積することを考えた場合，テキストデータはその扱いやすさや可搬性・永続性などの点で，最も適したデータ形式であると言えるでしょう．また，余計な情報がついていないのでデータが大規模になってもさほどファイルサイズが大きくならず，軽快に扱うことができるという点もメリットとして挙げられるでしょう．

テキストエディタ

　テキストファイルを閲覧・編集するための専用のソフトウェアが**テキスト**

エディタです．シンプルなテキストエディタとして，Windows では「メモ帳」，Mac では「テキストエディット」といったソフトウェアが最初から入っていますが，研究で使うのであれば，より高機能なテキストエディタをインストールすることをおすすめします．高機能なテキストエディタは，テキストデータに特化した高度な検索や編集の機能，さらにプログラミング支援の機能が充実しています．

　Windows では「秀丸」「サクラエディタ」，Mac では「mi」「CotEditor」などのアプリが昔から人気がありますが，本書では Visual Studio Code という Microsoft が開発したエディタを使用します（以下では VSCode と略します）．VSCode は，高度な拡張機能が豊富でプロの IT エンジニアにも愛用されていると同時に，とりあえず使い始める分には初心者にとっても特段難しいことはないのが魅力です．また，Windows でも Mac でもほとんど同じ操作感で使えることもメリットと言えるでしょう．

　なお，Microsoft Word などの文書作成ソフトでもテキストファイルの読み書きは可能ですが，テキストファイルを管理する目的には向いていません．文書作成ソフトは，用紙のサイズや余白やフォントなど見栄えにかかわる情報を多く扱うため，そのぶん動作も重くなりますが，テキストデータとして保存するとそれらの情報は失われてしまいます．また，文書作成ソフトは，入力した文字を自動的に修正する機能が豊富ですが，純粋に文字をデータとして扱いたいときはこのような機能はかえってトラブルの原因になります．

2.2.　Visual Studio Code を使ってみる

　では，さっそく VSCode を実際に使ってみましょう．VSCode は以下のページからダウンロードできます（ダウンロードページは英語ですが，VSCode 本体はあとで日本語に設定変更できます）．

8

https://code.visualstudio.com/

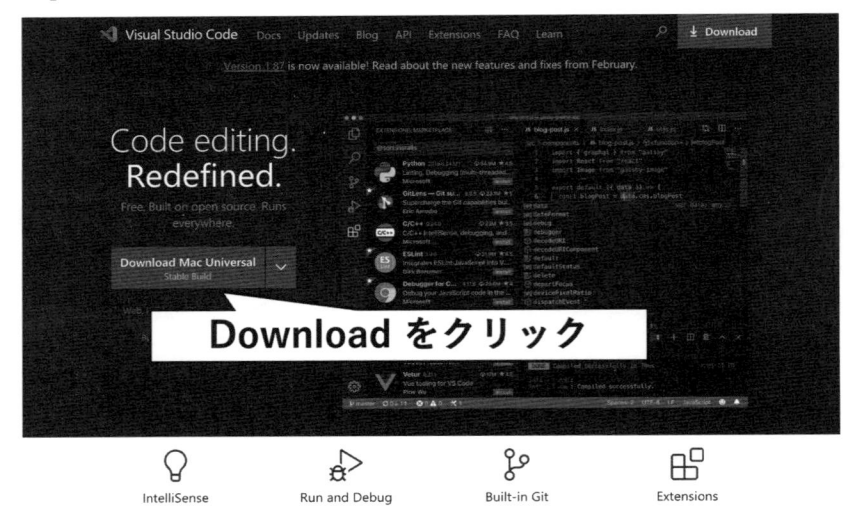

図 2.1. Visual Studio Code のウェブページ

　Windows 版や Mac 版などがありますが，通常はお使いのパソコンに合ったものが自動的に表示されているはずですので，「Download」をクリックしてみましょう．Windows では .exe 形式のインストーラがダウンロードされますので，インストーラをダブルクリックし，画面の指示に従ってインストールを行います（インストール先などのオプションは，特にこだわりがなければそのままでかまいません）．Mac では .zip 形式で圧縮されたアプリケーションがダウンロードされますので，解凍して「アプリケーション」フォルダにコピーすれば OK です．インストールできたら，さっそく VSCode を起動してみましょう．

VSCode を日本語化する

　VSCode の画面はそのままだと英語になっています．日本語化するには，Japanese Language Pack をインストールする必要があります．

　VSCode が起動できたら，画面左端の Extensions（拡張機能）のアイコン

（正方形がいくつか並んだ形をしています）をクリックしてみてください（図 2.2）．拡張機能を検索するための入力欄が出てきます．この欄に Japanese と入れると，Japanese Language Pack というのが出てきますので，「Install」をクリックします（似た名前の別の拡張機能を誤ってインストールしてしまわないよう注意してください）．そうすると右下に「Change Language and Restart」というボタンが表示されますので，クリックすると，VSCode が再起動します．日本語化された画面が立ち上がれば成功です（図 2.3）．

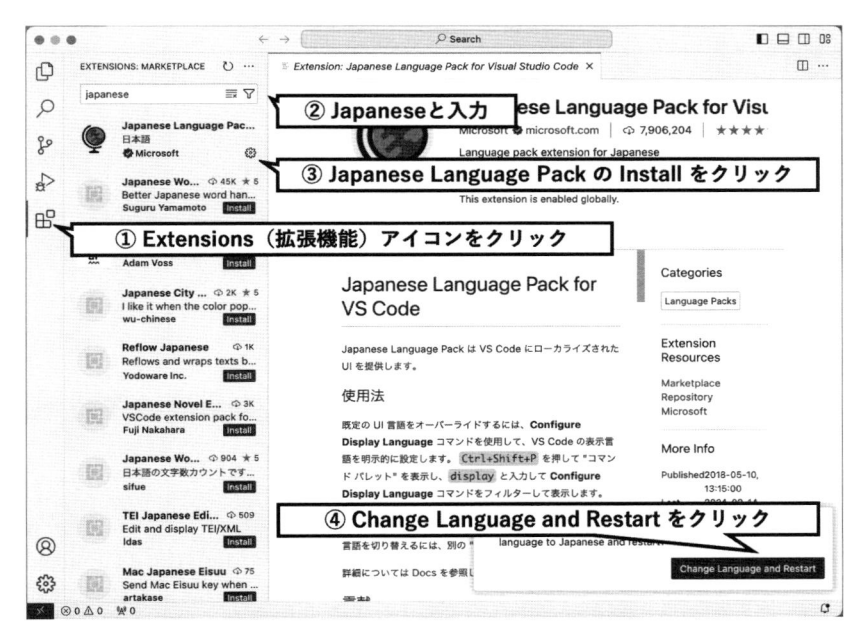

図 2.2.　VSCode の日本語化の手順

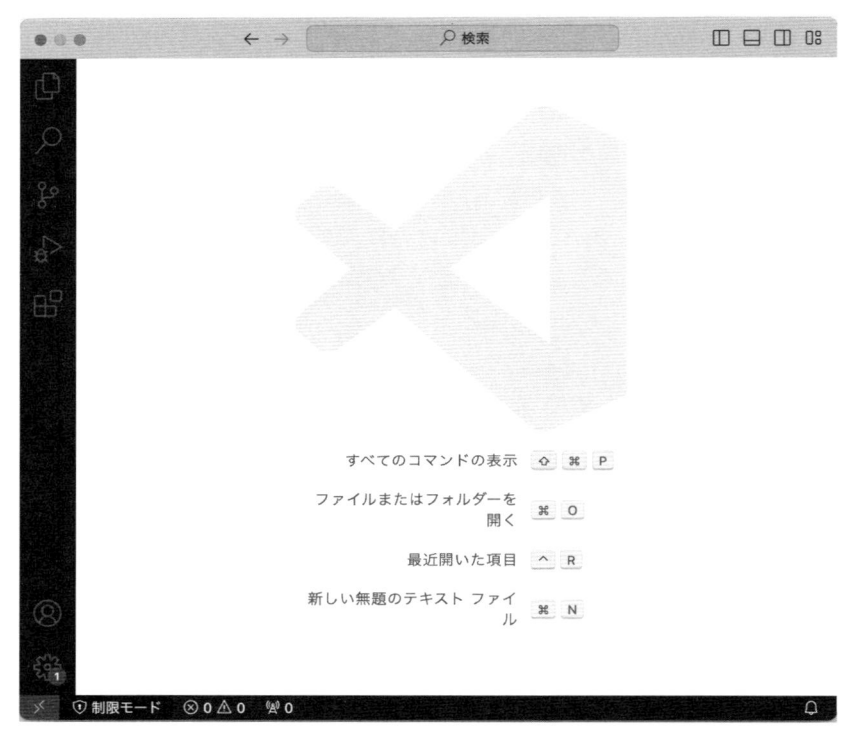

図 2.3. 日本語化された VSCode

　これで VSCode を使う準備ができました．試しにメニューの「ファイル」から「新しいテキストファイル」，もしくは Ctrl＋N（Mac では Command＋N）を押して新しいファイルを開き，自由に文章を入力してみてください．文字を打つだけであれば Microsoft Word などと大きな違いはなく，直感的に使えると思います．

2.3. 文字コードの話

　テキストデータを利用するときに気をつけなければいけないのが，文字コードです．ここで少し前提知識を押さえておきましょう．

コンピュータで使われる最も基本的な文字コードは ASCII（アスキー）と呼ばれるものです．ASCII には，英語のアルファベットと数字，若干の記号しか入っていません（コンピュータがアメリカ合衆国を中心に発達したためです）．英語以外の多くの言語ではこれでは文字が足りませんので，世界各国で独自の文字コードが作られることになりました．日本語では伝統的に，JIS，Shift JIS，EUC-JP などと呼ばれる文字コードが使われてきました．

さまざまな文字コードが乱立している状況では，アプリが使いたい文字コードに対応していないせいで文字化けが発生したり，意図通り動作しなかったりといったことが起こります．また，同じデータの中に複数の言語を混在させるのが難しいといった問題もあります．

そこで，世界中の文字に統一的に番号を振る Unicode（ユニコード）と呼ばれる仕組みが普及してきました．Unicode の中にも複数の方式がありますが，現在では，とくに UTF-8 と呼ばれる方式が主流になっています．特別な理由がなければ，自分で新しいデータを作るときなどは，UTF-8 で統一するのがおすすめです（VSCode や Python も，現在では UTF-8 がデフォルトになっています）．ただし，入手したデータが UTF-8 でないことや，使いたいアプリが UTF-8 に対応していないということもあります．そのようなときのために，文字コードを調べたり，変換したりする方法を知っておくのがよいでしょう．

例として，青空文庫の『坊っちゃん』を用います．青空文庫は，主として著作権の切れた作品を無償で公開しているサイトです（英語圏では類似のウェブサイトとして Project Gutenberg というものがあります）．次の URL から，青空文庫の『坊っちゃん』の図書カードのページに行ってみましょう．

https://www.aozora.gr.jp/cards/000148/card752.html

ブラウザ上で直接小説を読むこともできますが，ここでは，「テキストファイル（ルビあり）」の zip ファイルをダウンロードします（図 2.4）.

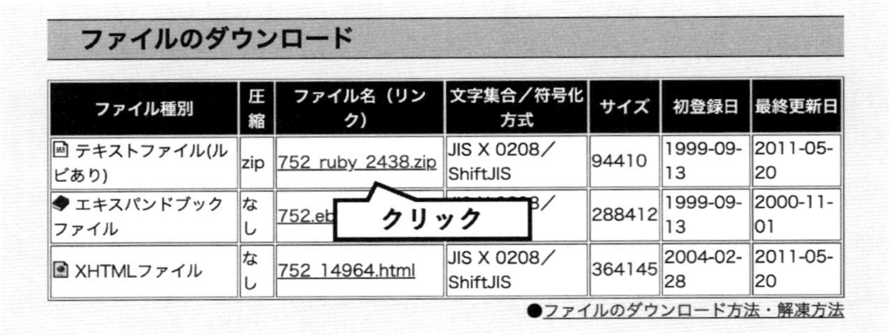

ファイルのダウンロード

ファイル種別	圧縮	ファイル名（リンク）	文字集合／符号化方式	サイズ	初登録日	最終更新日
テキストファイル(ルビあり)	zip	752_ruby_2438.zip	JIS X 0208／ShiftJIS	94410	1999-09-13	2011-05-20
エキスパンドブックファイル	なし	752.eb	／	288412	1999-09-13	2000-11-01
XHTMLファイル	なし	752_14964.html	JIS X 0208／ShiftJIS	364145	2004-02-28	2011-05-20

クリック

●ファイルのダウンロード方法・解凍方法

図 2.4. 青空文庫からのテキストファイルのダウンロード

図 2.4 を見ると「文字集合／符号化方式」のところに「JIS X 0208／ShiftJIS」と書かれていることに注目してください．これは，このファイルが Shift JIS で用意されていることを表しています．

ファイルがダウンロードできたら，圧縮されていますので，解凍してみてください．bocchan.txt というファイルが取り出せれば成功です．

次に，VSCode から「ファイル」＞「開く ...」を選択するか，あるいは bocchan.txt を VSCode のアイコンにドラッグ＆ドロップして，この boc-chan.txt を開いてみましょう．すると，図 2.5 のようにファイルの内容が表示されますが，残念ながら，文字化けしてしまっています．

図 2.5.　文字化けしたテキストファイル

　文字化けの原因はなんでしょうか．画面右下に「UTF-8」と書いてあることに注目してください．文字化けの原因は，Shift JIS で書かれているファイルを，UTF-8 だと思って表示してしまっているためです．「UTF-8」と書かれている部分をクリックすると，「エンコード付きで再度開く」という選択肢が画面中央上に表示されますので，これをクリックします．一番上に「Japanese（Shift JIS）コンテンツから推測」という選択肢が表示されますので，これを選択します．そうすると，VSCode はファイルを Shift JIS と解釈して開き直してくれます．無事，小説の内容が表示されるはずです（図

2.6）．

図 2.6． 文字化けを修正した画面

　ちなみに，VSCode では設定を変更して，ファイルを開くときに自動的に文字コードを推測するようにすることもできます．

　上記の操作ではファイルを表示する仕方を変えただけで，ファイル自体の文字コードは変更されていません．ファイルを異なる文字コードに変換したいときは，ファイルを正しく開いた状態で右下の文字コード名をクリックし「エンコード付きで保存」を選択します（ここでは特に実施する必要はありません）．

　さて，デフォルトでは各段落の内容がどこまでも右に続いていて，横方向にスクロールしないと本文が読めません．通常のウェブページや文書作成ソフトのように，画面右端で自動的に折り返してほしいときは，メニューの「表示」から「右端での折り返し」を選択しましょう．

　なお「制限モードは，安全なコード参照のためのものです」，「このドキュメントには，基本 ASCII 外の Unicode 文字が多数含まれています」などの警告メッセージが表示されていることがありますが，これは右端の「×」マークを押して消していただいて大丈夫です．

改行コードの話

　さて，画面では文字コードを表す「Shift JIS」の隣に「CRLF」とあります．これは何でしょうか？ これは，改行を表す特殊文字として何が使われているかを表しています．

　テキストファイルでは改行も文字の一種として保存されています．画面に表示するときに，人間の目に改行に見えるよう，特殊な扱いをしているにすぎません．ところが，厄介なことに何を改行文字として使うかがシステムによって異なるのです．

　これはもともとタイプライター時代に「改行」に相当する操作として，印字位置を行頭に戻すためのキャリッジリターン（CR）という操作と，紙を一行分進めるためのラインフィード（LF）という操作の 2 つがあったことに由来しています．タイプライターの操作に対応して CR と LF という 2 つの特殊文字が作られたのですが，システムによって，このどちらを改行に用いるかが異なるということになってしまいました．ウェブサーバなどでよく使われる Unix 系のシステムでは改行コードは LF であることが多い一方，Mac では伝統的には CR を使います．Windows では CR のあとに LF という 2 文字の組み合わせが用いられることが多く，青空文庫の『坊っちゃん』もこの CRLF になっています．VSCode は，改行コードが CRLF であることを自動的に判断して，正しく表示しているのです．

　この改行コードの違いも時として，表示が壊れる，プログラムが動作しないといったトラブルを引き起こしますので，そのような問題があるというこ

とを覚えておくとよいでしょう．例えば，Mac 版の Microsoft Office でテキストファイルを保存すると，改行コードが CR になることがあります．これを古い Windows のメモ帳で開くと，メモ帳は改行コード CR に対応していませんので，改行が改行として表示されないといったことが起きます（最近のバージョンでは，この問題は解消しているようです）．

　なお，ここでいう「改行」というのは，あくまで Enter キーを押すことで作られる段落の終わりのことを指します．先ほど「右端での折り返し」を選択した場合は，画面サイズの都合で折り返している箇所があるはずですが，これはここでいう「改行」ではありません（データとしてはその位置には何もありません）．

2.4. まとめ

　この章では，この本のテーマであるテキストデータと，それを扱うためのソフトウェアであるテキストエディタについて紹介し，また，テキストファイルを扱う際にトラブルの原因になりやすい文字コードについて説明しました．

2.5. 練習問題

1. VSCode で新しいテキストファイルを作成して日本語のメモを書き，Shift JIS で保存してみましょう．新しいファイルを作成すると右下にデフォルトの「UTF-8」が表示されますが，これをクリックすることで，保存時の文字コードを変更できます．また，ファイルの保存はメニューの「ファイル」-「名前を付けて保存 …」から行えます．

2. 1 で作成したファイルを開いてみましょう．文字化けが生じた場合は直してみましょう．

3. 本文中でも触れたように，ウェブサイト作成に使われている HTML ファイルはテキストファイルですので，VSCode で閲覧することができ

ます．好きなウェブサイトを保存し，VSCode でその中身を表示してみ
ましょう（ウェブサイトの保存の仕方はブラウザによって違いますが，
Ctrl＋S（Mac では Command＋S）で保存できることが多いです．ダウ
ンロードフォルダに .html ファイルが保存できていると思いますので，
これを VSCode の「ファイル」–「開く ...」から選択するか，または
VSCode のアイコンにドラッグします）．ただし，ユーザの操作に応じ
て動的に内容が変化するような現代的なウェブアプリの場合，HTML
の内容が難しすぎることが多いので，文章が書かれているだけの昔なが
らのウェブサイトを選ぶほうがわかりやすいでしょう．<div> や
<span> など，文書の構造を定めるための「HTML タグ」と呼ばれる要
素などに挟まれて，ページの本文が書かれているのがわかると思います．
また，VSCode はそれらのタグを自動的に色分けしてくれるのがわかる
と思います．

第 3 章

検索をしよう

　この章では，Python によるテキスト処理に入る前に，テキストエディタで実際にテキストデータを扱う練習をしてみましょう．とくに，高度な検索や置換を行ううえで欠かせない「正規表現」について紹介します．

3.1. 検索と置換

　この章では，VSCode で青空文庫からダウンロードした『坊っちゃん』を開いた状態から出発します．まだ開けていない，という方がいたら前の章を読み直してみてください．文字化けしていたら，右下の「UTF-8」をクリックして，Shift JIS で読み込み直してください．また，デフォルトでは横にスクロールしないと段落の最後まで見れないようになっているので，メニューの「表示」から「右端での折り返し」をオンにしておくのがおすすめです．

検索

　さて，まずは，この小説に含まれる言葉の検索ができると良さそうです．検索を開始するには画面上のメニューの「編集」から「検索」を選ぶか，ショートカットキー（Windows では Ctrl＋F，Mac では Command＋F）を押します．なお，画面中央上に最初から「検索」と書かれた入力欄がありま

すが，これはファイルや機能を探すためのもので，ここでは使用しません．まぎらわしいので注意してください．

　表示された検索欄に「赤シャツ」と入れてみましょう．「赤シャツ」は『坊っちゃん』の登場人物の一人のあだ名です．そうすると，エディタは自動的に「赤シャツ」の初登場場面にジャンプし，「赤シャツ」の部分がハイライトされて見えるようになるはずです（図3.1）．また，「赤シャツ」という文字列がこのテキストには 168 回出現することも読み取れます．

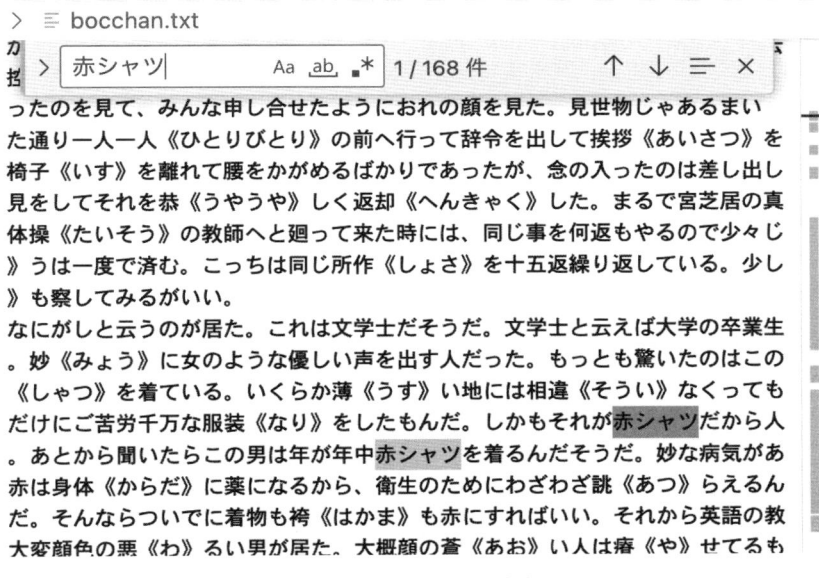

図3.1．「赤シャツ」の検索結果

　検索キーワード欄の右の「↓」アイコン，もしくは Ctrl＋G （Mac では Command＋G）を押すと，次々と「赤シャツ」の出現箇所に移動できます．

置換

　検索とセットで覚えたい機能が「置換」です．Word などの文書作成ソフトでも大事な機能ですのでご存知の方が多いかもしれません．VSCode の

置換のショートカットキーは，Windows では Ctrl＋H，Mac では Command＋Option＋F です．または，検索キーワードの欄にある「>」マークを押すことでも置換の画面を表示できます．

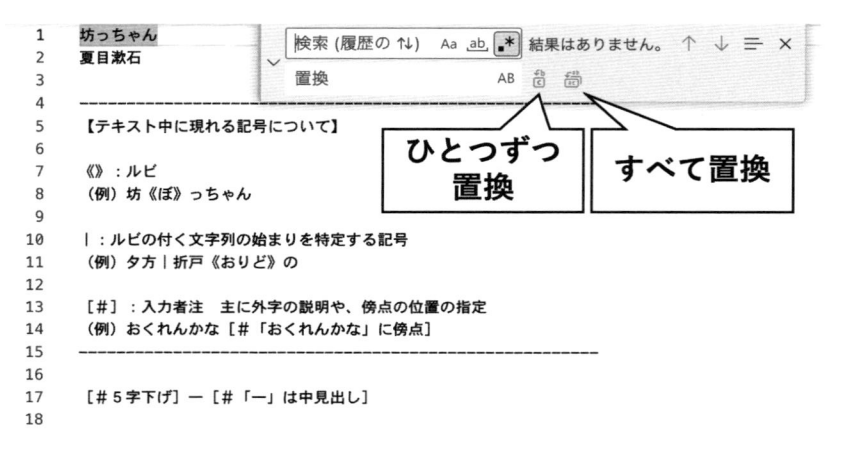

図 3.2.　置換の画面

　例として，『坊っちゃん』のファイルから「｜」という記号を削除してみましょう．ファイルの冒頭にも説明がありますが，「｜」はふりがながどの範囲に付いているのかを示すために，青空文庫版の作成者によって挿入されている記号です．これは底本の内容を正確に記録するためには必要ですが，検索の際には，原文にない「｜」が挿入されているとかえって不便な場合がありますので，いったん削除してみましょう（なお，《》で囲まれたふりがな本体も削除したいところですが，これはちょっと難しいので，もう少し準備をしてから 3.3 節で説明します）．

　削除は置換の一種と考えることができ，置換後の文字列の欄に何も入力しなければ，削除するのと同じになります．置換前の文字列に「｜」を入れて，置換後の文字列は空欄のままにしてみましょう（「｜」は，通常の日本語のキーボードでは Shift＋¥ です．なお，青空文庫のファイルで使われているのはいわゆる全角文字ですので，日本語入力をオンにして入力してください．あるいは，テキストファイル内の記号の説明からコピーすると確実で

す）．置換後の文字列のところで Enter を押すか，置換後の文字列の右の置換ボタンを押すと，ひとつひとつ確認しながら置換していくことができます．「｜」が意図通り削除されていくことを確認してみましょう．なお，「すべて置換」のボタンを押すと，ファイル全体を一度に置換することもできます（ただし，間違った置換をしたまま気付かないでいると困ったことになりますので，最初はひとつひとつ確認しながら置換するほうがよいでしょう）．

3.2.　正規表現：高度な検索をしよう

　さて，検索の基本はわかりましたが，普通の検索では，特定のひとつの文字列しか検索できません．「「赤シャツ」と「山嵐」が両方とも出てくる段落を検索したい」「カタカナ語をすべて検索したい」「同じ表現を繰り返しているところを検索したい」といったときにはどうすればいいでしょうか？　これらはどれも**正規表現**を使うと可能になります．正規表現を学べば，検索機能でできることが一気に広がるのです．[2]

　VSCode をはじめ，高機能なエディタには通常，正規表現検索の機能がついています．また，正規表現は，コーパス検索用の専用ツールでも利用できる場合がありますし，本書でこれから取り上げる Python のようなプログラミング言語からも利用することができるなど，一度身につけるとさまざまな場面で役立ちます．記号がたくさん出てくるので最初はとまどうかもしれませんが，ぜひ挑戦してみてください．

VSCode で正規表現を使う

　VSCode では，検索キーワード入力欄の右にある「.*」と書かれたボタンをクリックすると，正規表現検索がオンになります（図 3.3）．

---

[2]「正規表現」というのはあまり直感的ではないネーミングですが，文法を数学的に厳密に取り扱う形式言語理論といわれる分野と密接な関係がある概念です．関心のある方は調べてみてください．

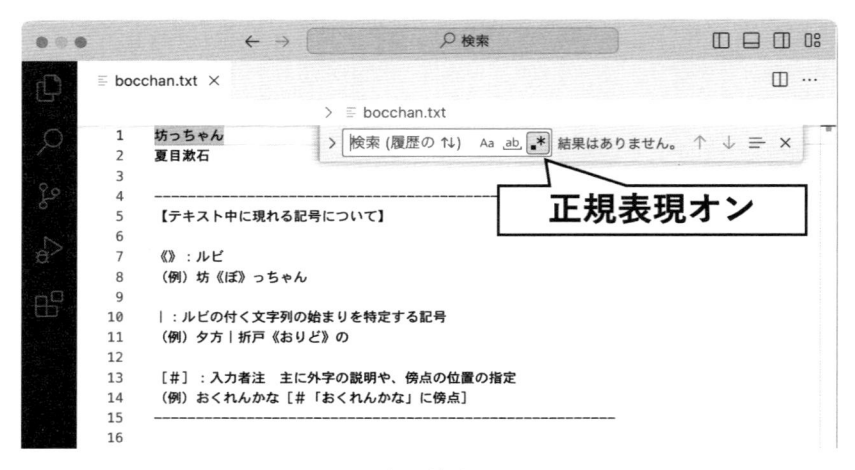

図 3.3.　正規表現検索をオンにする

　正規表現検索がオンになっても，ほとんどの文字列検索は今までと変わらず動作します．一方，? や + など一部の記号には特殊な意味が割り当てられ，高度な検索ができるようになります．以下では，それらの特殊な記号を1つ1つ紹介していきます．

　なお，? や + など，正規表現で特殊な意味をもつ記号はいずれも半角ですので，日本語入力をオフにして入力するようにしてください．

直前の文字があってもなくてもよい：「?」

　この記号は，「直前の文字があってもなくても構わない」ということを表します．例えば，「食べている」などの「-ている」の用例を検索したいとします．「-ている」は，「-てる」という形式に縮約することもありますので，この2種類を同時に検索したいとしましょう．このときは，てい?る で検索すれば OK です．図 3.4 のように，「ている」と「てる」が同時に検索できていることを確認してください（『坊っちゃん』には「- ている」と「- てる」が混在していることがわかります．どのように使い分けられているのか，気になるところです）．

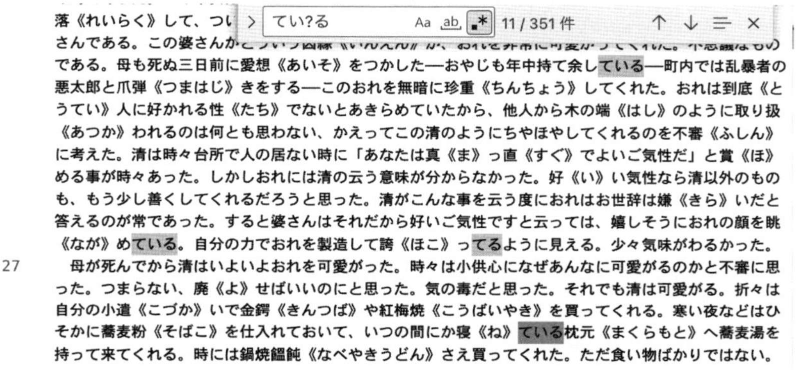

落《れいらく》して、つい　｜　てい?る　　Aa ab ﹒* 11 / 351 件　　　↑ ↓ ≡ ×

さんである。この婆さんか□□□□□《□□□□》□、□□□□□□□□□□□□□□。□□□□□□□□
である。母も死ぬ三日前に愛想《あいそ》をつかした──おやじも年中持て余している──町内では乱暴者の
悪太郎と爪弾《つまはじ》きをする──このおれを無暗に珍重《ちんちょう》してくれた。おれは到底《と
うてい》人に好かれる性《たち》でないとあきらめていたから、他人から木の端《はし》のように取り扱
《あつか》われるのは何とも思わない、かえってこの清のようにちやほやしてくれるのを不審《ふしん》
に考えた。清は時々台所で人の居ない時に「あなたは真《ま》っ直《すぐ》でよいご気性だ」と賞《ほ》
める事が時々あった。しかしおれには清の云う意味が分からなかった。好《い》い気性なら清以外のもの
も、もう少し善くしてくれるだろうと思った。清がこんな事を云う度におれはお世辞は嫌《きら》いだと
答えるのが常であった。すると婆さんはそれだから好いご気性ですと云っては、嬉しそうにおれの顔を眺
《なが》めている。自分の力でおれを製造して誇《ほこ》ってるように見える。少々気味がわるかった。

27　　　母が死んでから清はいよいよおれを可愛がった。時々は小供心になぜあんなに可愛がるのかと不審に思
った。つまらない、廃《よ》せばいいのにと思った。気の毒だと思った。それでも清は可愛がる。折々は
自分の小遣《こづか》いで金鍔《きんつば》や紅梅焼《こうばいやき》を買ってくれる。寒い夜などはひ
そかに蕎麦粉《そばこ》を仕入れておいて、いつの間にか寝《ね》ている枕元《まくらもと》へ蕎麦湯を
持って来てくれる。時には鍋焼饂飩《なべやきうどん》さえ買ってくれた。ただ食い物ばかりではない。

図 3.4.　正規表現 てい?る での検索結果

任意の 1 文字：「.」

　この記号は、任意の 1 文字を表します。つまり、1 文字分であればどんな
文字にもマッチするということです。例えば「の」と「の」のあいだに任意
の 1 文字が挟まっている文字列を検索する場合には、以下の正規表現を用
います。

の.の

　図 3.5 のように、「のもの」や「の手の」などにマッチしていることを確認
してください。

が冗談《じょうだん》に，
と囃《はや》したからである．小便《こづかい》に貰ふさつて帰つて米る時，おやしか大きな眼《め》を
して二階ぐらいから飛び降りて腰を抜かす奴《やつ》があるかと云《い》ったから，この次は抜かさずに
飛んで見せますと答えた．

20　　親類のものから西洋製のナイフを貰《もら》って奇麗《きれい》な刃《は》を日に翳《かざ》して，友
達《ともだち》に見せていたら，一人が光る事は光るが切れそうもないと云った．切れぬ事があるか，何
でも切ってみせると受け合った．そんなら君の指を切ってみろと注文したから，何だ指ぐらいこの通りだ
と右の手の親指の甲《こう》をはすに切り込《こ》んだ．幸《さいわい》ナイフが小さいのと，親指の骨
が堅《かた》かったので，今だに親指は手に付いている．しかし創痕《きずあと》は死ぬまで消えぬ．

21　　庭を東へ二十歩に行き尽《つく》すと，南上がりにいささかばかりの菜園があって，真中《まんなか》
に栗《くり》の木が一本立っている．これは命より大事な栗だ．実の熟する時分は起き抜けに背戸《せ
ど》を出て落ちた奴を拾ってきて，学校で食う．菜園の西側が山城屋《やましろや》という質屋の庭続き
で，この質屋に勘太郎《かんたろう》という十三四の倅《せがれ》が居た．勘太郎は無論弱虫である．弱

図 3.5.　正規表現 の.の での検索結果

同様に，「の」と「の」のあいだに任意の 2 文字が挟まっているところを
検索するなら，の..の で検索すればよいわけです．

1 回以上の繰り返し：「+」

この記号は，「直前の文字の 1 回以上の繰り返し」を表します．例えば，
あ+ で検索すると，「あ」「あああ」「ああああああああ」などを同時に検索
することができます．

「ああああああああ」を検索したいというような場面はあまりなさそう
だと思われるかもしれませんが，この + のような記号は，ほかの記号と組
み合わせることで威力を発揮します．のちほど具体例を紹介します．

0 回以上の繰り返し：「*」

この記号は「直前の文字の 0 回以上の繰り返し」を表します．+ とは異な
り，直前の文字が 0 個でもよい（つまり，なくてもよい）というのがポイン
トです．例えば すごー*い で検索すると，「すごい」「すごーい」「す
ごーーーい」などにマッチします．

* と + の違いを理解することが大事です．* の直前の文字はなくてもか
まわないのですが，+ の直前の文字は少なくとも 1 つは必要です．すごー+
い で検索すると，「すごーい」「すごーーーい」にはマッチしますが，「す
ごい」にはマッチしません．

複数の候補の列挙：「[ ]」

　この記号は，複数の文字の候補を列挙するときに使います．例えば，[あいうえお] というパターンは「あ」「い」「う」「え」「お」のすべてにマッチします．例えば，「この」「その」「あの」「どの」という 4 つの指示詞を検索したい場面を考えてみましょう．一語ずつ別々に検索することもできますが，正規表現を使えば次のようにまとめて検索することができます（図 3.6）．[3]

[こそあど]の

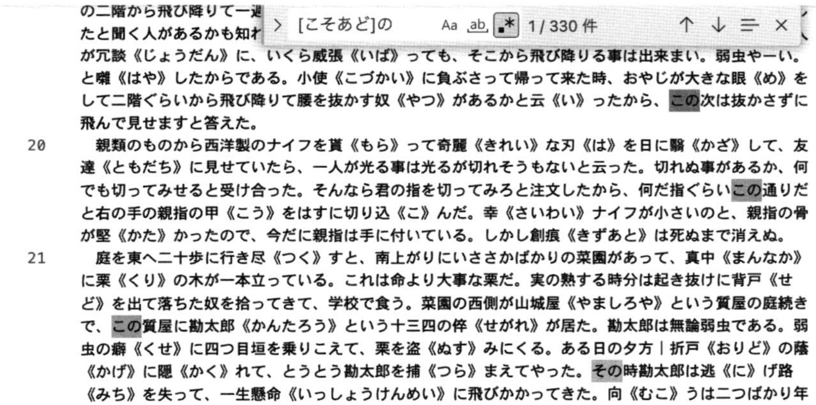

の二階から飛び降りて一週　　 > [こそあど]の　　 Aa ab .* 1/330 件　　 ↑ ↓ ≡ ×
たと聞く人があるかも知れ
が冗談《じょうだん》に，いくら威張《いば》っても，そこから飛び降りる事は出来まい．弱虫やーい．
と囃《はや》したからである．小使《こづかい》に負ぶさって帰って来た時，おやじが大きな眼《め》を
して二階ぐらいから飛び降りて腰を抜かす奴《やつ》があるかと云《い》ったから，この次は抜かさずに
飛んで見せますと答えた．
20　　親類のものから西洋製のナイフを貰《もら》って奇麗《きれい》な刃《は》を日に翳《かざ》して，友
達《ともだち》に見せていたら，一人が光る事は光るが切れそうもないと云った．切れぬ事があるか，何
でも切ってみせると受け合った．そんなら君の指を切ってみろと注文したから，何だ指ぐらいこの通りだ
と右の手の親指の甲《こう》をはすに切り込《こ》んだ．幸《さいわい》ナイフが小さいのと，親指の骨
が堅《かた》かったので，今だに親指は手に付いている．しかし創痕《きずあと》は死ぬまで消えぬ．
21　　庭を東へ二十歩に行き尽《つく》すと，南上がりにいささかばかりの菜園があって，真中《まんなか》
に栗《くり》の木が一本立っている．これは命より大事な栗だ．実の熟する時分は起き抜けに背戸《せ
ど》を出て落ちた奴を拾ってきて，学校で食う．菜園の西側が山城屋《やましろや》という質屋の庭続き
で，この質屋に勘太郎《かんたろう》という十三四の倅《せがれ》が居た．勘太郎は無論弱虫である．弱
虫の癖《くせ》に四つ目垣を乗りこえて，栗を盗《ぬす》みにくる．ある日の夕方 ｜ 折戸《おりど》の蔭
《かげ》に隠《かく》れて，とうとう勘太郎を捕《つら》まえてやった．その時勘太郎は逃《に》げ路
《みち》を失って，一生懸命《いっしょうけんめい》に飛びかかってきた．向《むこ》うは二つばかり年

図 3.6.　正規表現 [こそあど] の での検索結果

　同様に，「この」「その」「あの」「どの」だけでなく「これ」「それ」「あれ」「どれ」も同時に検索したい場合は，[こそあど][のれ] で検索すればよいということになります．

　[ ] にはこのほかにもいくつか進んだ機能があります．まず，[ ] 内の最初の位置に ^ という記号を書くことにより，「〜以外」という意味を表すことができます．例えば，「〜の」の用例を検索したいが，「この」「その」「あ

---

[3] 厳密に言えば，ここで検索できるのはあくまで「この」「その」「あの」「どの」という 4 種類のひらがなの並びであって，単語ではないことに注意しましょう．例えば「おこのみやき」に含まれる「この」にもマッチしてしまいます．

の」「どの」は検索に引っかかってほしくない，という場面を考えてみましょう．その場合は，検索キーワードを次のように書くことができます．

[^こそあど] の

さらに [ ] には，ハイフンで範囲を指定するという機能があります．例えば，数字が使われている箇所を検索したいときは，[0123456789] と可能性をすべて列挙することもできますが，もっと簡単に [0-9] と書くことができます．大文字のアルファベットを検索するときは [A-Z]，小文字のアルファベットを検索するときは [a-z] と入力します．大文字と小文字を両方とも検索したいときは，単純に並べて [A-Za-z] と入力すれば検索できます．同様に，ひらがな全体は [ぁ-ん] で検索できます（文字コードの配列の都合上，先頭の文字は「あ」ではなく小さい「ぁ」になっています）．

なお，[ ] の中身がどれほど複雑になっても，あくまで [ ] 全体で 1 文字分であることに注意してください．

または：「|」

次は | という記号を紹介します（これはイチやアイではなく，「バーティカルバー」（縦棒）です．3.1 節では全角の | が登場しましたが，今度は半角です．ふつうの日本語のキーボードでは Shift+¥ です）．この記号は「または」を意味します．一見，さきほどの [ ] と似ていますが，[ ] はあくまで文字単位で選択肢のうちのどれか 1 文字という意味だったのに対して，| は，| で区切った左側の文字列全体と，右側の文字列全体のどちらか，という意味になります．例えば，「赤シャツ」と「山嵐」という『坊っちゃん』の 2 人の登場人物をまとめて検索したいときは，以下のように書きます．

赤シャツ|山嵐

なお，カッコ（ ） と組み合わせて使うと，| が問題にしている範囲がどこからどこまでなのかを示すことができます．例えば，「赤シャツが」と「山嵐が」という 2 種類の文字列を同時に検索したいときは，次のように書くこ

とができます.

（赤シャツ|山嵐）が

この場合は，下のように書いても効果は同じです.

赤シャツが|山嵐が

先頭と末尾：^ と $

^ は行の先頭，$ は行の末尾を表します．これらの記号を利用すれば，「○○で始まっている行」「○○で終わっている行」を検索することが可能になります（なお，さきほど紹介したように，[ ] 内の先頭に ^ を書いたときは「〜以外」という意味を表します．非常にまぎらわしいのですが，^ という記号はどこに書くかによって正規表現での意味がまったく違います）.

例えば，「三」という漢数字で始まる行を検索するには，次のパターンで検索します.

^三

同様に，行末の句点のみ検索したいときは次のようにします.

。$

なお，ここでは「行」と言っているのは，あくまで改行文字で区切られた単位です．「段落」と言ったほうがわかりやすいかもしれません．VSCodeのメニューの「表示」から「右端での折り返し」を選択している場合は，ウィンドウの幅に応じて折り返している箇所があるかと思いますが，ここでいう「行の先頭」や「行の末尾」というのは，そのようなたまたま折り返している箇所のことではありません.

28

語境界：\b

　ここまで日本語の例で説明してきましたが，日本語では出番がないものの，英語などを対象に検索する場合には活躍する機能もありますので，ここで少し紹介したいと思います．

　例えば，英語のコーパスから the という**単語だけ**を検索したいときはどのようにすればよいでしょうか．そのまま the で検索するだけだと，実はうまくいきません．they や there など，さまざまな単語に the という文字の並びが含まれているため，the という単語だけを検索することにはならないからです．[4]

　前後にスペースを入れて「 the 」で検索すればいいのではないか，と思われる方もいるかもしれません．ところが，実はこれもうまくいきません．というのは，the の前後にスペースがあるとは限らないからです．the は行の最初の単語かもしれませんし，引用符やカッコなどの記号と隣り合っているかもしれません．

　そこで役立つのが \b という正規表現です．これは，語境界にマッチするという性質があります．the という単語を検索したいときは，\bthe\b のように書くことができます．この場合，the の前後にあるのがスペースか，改行か，引用符かカッコかなどを心配する必要はありません．なお，\b は「境界」にマッチするので，\b 自体がマッチする文字列の長さはゼロです（\b が the の前後のスペースなどにマッチするわけではないということです）．

　これを発展させると，例えば「単語が -ing で終わっている箇所」を検索したいときは，後ろにだけ語境界を表す \b を付けて ing\b で検索するなど，さまざまな応用がききます．

後方参照

　後方参照は正規表現の少し高度な機能です．一度マッチした文字列を覚え

---

[4] アプリによりますが，正規表現とは別に，検索の際に単語全体にだけマッチさせるという指定ができるようになっていることも多いです．ただし，ここで紹介する正規表現の語境界を使うほうが，より柔軟にいろいろなケースへの応用がききます．

ておき，同じ文字列にもう一度マッチさせたいときに使います．例えば，「マドンナ」という単語を 2 回繰り返している箇所があるかどうか知りたいとします．この場合，まず「マドンナ」を （ ） で囲み，その後に \1 と書きます．

```
（マドンナ）\1
```

図 3.7 のように，「マドンナマドンナ」と書かれている箇所が見つかれば正解です．

184	「どうしててて。東京から…	（マドンナ）\1 　 Aa ab * 1/1件 　 ↑ ↓ ≡ ×
	ゃないかなもし」	
185	「こいつあ驚《おどろ》いた。大変な活眼だ」	
186	「中《あた》りましたろうがな、もし」	
187	「そうですね。中ったかも知れませんよ」	
188	「しかし今時の女子《おなご》は、昔《むかし》と違《ちご》うて油断が出来んけれ、お気をお付けたがええぞなもし」	
189	「何ですかい、僕の奥さんが東京で間男でもこしらえていますかい」	
190	「いいえ、あなたの奥さんはたしかじゃけれど……」	
191	「それで、やっと安心した。それじゃ何を気を付けるんですい」	
192	「あなたのはたしか―あなたのはたしかじゃが―」	
193	「どこに不readしかなのが居ますかね」	
194	「ここ等《ら》にも大分｜居《お》ります。先生、あの遠山のお嬢《じょう》さんをご存知かなもし」	
195	「いいえ、知りませんね」	
196	「まだご存知ないかなもし。ここらであなた一番の別嬪《べっぴん》さんじゃnamがなもし。あまり別嬪さんじゃけれ、学校の先生方はみんなマドンナマドンナと言うといでるぞなもし。まだお聞きんのかなもし」	
197	「うん、マドンナですか。僕あ芸者の名かと思った」	
198	「いいえ、あなた。マドンナと云うと唐人《とうじん》の言葉で、別嬪さんの事じゃろうがなもし」	

図 3.7． 正規表現（マドンナ）\1 での検索結果

なお，正規表現にカッコが複数ある場合は，開きカッコが出てきた順番に応じて，\1 で 1 つめのカッコがマッチした文字列，\2 で 2 つめのカッコがマッチした文字列，\3 で 3 つめのカッコがマッチした文字列 … を表すことができます．

なお，この例では，正規表現を使わずに単純に「マドンナマドンナ」という文字列で検索しても同じ結果が得られるので，わざわざ後方参照を使う必要はありません．このあとで紹介するように，後方参照の機能も，他の記号と組み合わせることで真の威力を発揮します．

記号を組み合わせる

正規表現がその本領を発揮するのは，複数の記号を組み合わせたときです．いくつか例を紹介します．

まず，『坊っちゃん』にどんなカタカナ語が使われているかに興味があるとします．カタカナは [ァ-ヴー] で検索できます（長音符「ー」はカタカナではなく，[ァ-ヴ] の範囲に含まれていないのですが，「ー」が使われている場合はそれを含めてカタカナ語と考えるのが普通ですから，一緒に検索対象に含めています）．

この [ァ-ヴー] を用いればカタカナを 1 文字ずつ検索することができますが，カタカナが連続しているところ全体に一度にマッチさせるには，これに「1 つ以上の連続」を表す記号 + を組み合わせればよいのです．

```
[ァ-ヴー]+
```

図 3.8 のように「ズック」や「プラットフォーム」などのカタカナ語が検索できていることを確認してください．

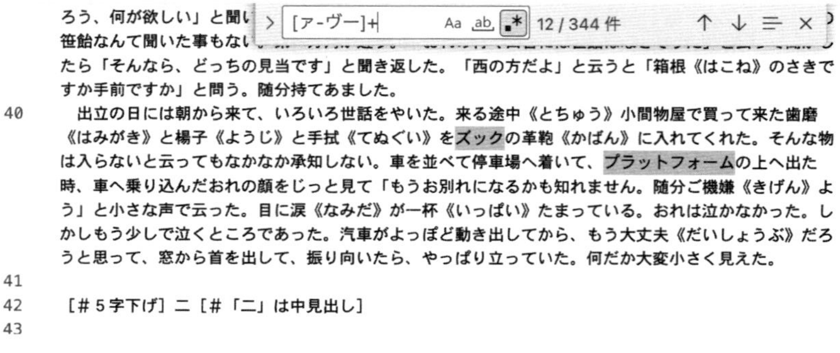

ろう、何が欲しい」と聞い
笹飴なんて聞いた事もない
たら「そんなら、どっちの見当です」と聞き返した。「西の方だよ」と云うと「箱根《はこね》のさきですか手前ですか」と問う。随分持てあました。

出立の日には朝から来て、いろいろ世話をやいた。来る途中《とちゅう》小間物屋で買って来た歯磨《はみがき》と楊子《ようじ》と手拭《てぬぐい》をズックの革鞄《かばん》に入れてくれた。そんな物は入らないと云ってもなかなか承知しない。車を並べて停車場へ着いて、プラットフォームの上へ出た時、車へ乗り込んだおれの顔をじっと見て「もうお別れになるかも知れません。随分ご機嫌《きげん》よう」と小さな声で云った。目に涙《なみだ》が一杯《いっぱい》たまっている。おれは泣かなかった。しかしもう少しで泣くところであった。汽車がよっぽど動き出してから、もう大丈夫《だいじょうぶ》だろうと思って、窓から首を出して、振り向いたら、やっぱり立っていた。何だか大変小さく見えた。

［＃５字下げ］二［＃「二」は中見出し］

図 3.8.　正規表現 [ァ-ヴー] での検索結果

次に，「にやにや」「うとうと」など，同じひらがな 2 文字が 2 回現れる箇所を探す場面について考えてみます．ひらがな 1 文字は [ぁ-ん] で表せましたから，ひらがな 2 文字は単純に [ぁ-ん][ぁ-ん] でも表せますが，[ぁ-ん]{2} という書き方もあります（{2} で，直前の要素の 2 回の繰り返し

を表します．そのため [あ-ん]{2} 全体で「ひらがな 2 文字」を意味します）．次に，この [あ-ん]{2} がマッチした 2 文字が，もう 1 回繰り返されているということを表すために，後方参照を使います．[あ-ん]{2} 全体をカッコで囲み，そのあとに \1 を書きます．

```
([あ-ん]{2})\1
```

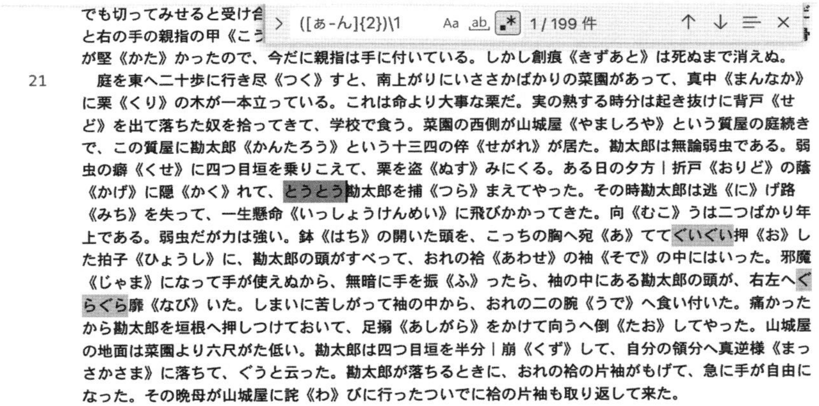

図 3.9.　正規表現（[あ-ん]{2}）\1 での検索結果

図 3.9 のように「とうとう」「ぐいぐい」「ぐらぐら」などが検索できていることを確認してみましょう．

3.3.　正規表現による置換

正規表現を用いて「置換」を行うと，じつにさまざまな操作を実現することができます．この節では正規表現を用いた置換の例を紹介しましょう．

先ほども触れましたが，『坊っちゃん』のテキストをあらためて見てみると，ふりがなが《》という記号で挟まれ，本文中に混ざっているのがわかります．例えば，冒頭の文は次のようになっています．

> **親譲《おやゆず》りの無鉄砲《むてっぽう》で小供の時から損ばかりしている。**

　このままだと，例えば「親譲り」という言葉を検索したくても，テキストが「親譲《おやゆず》り」になってしまっているので，簡単に検索できません．そこで，ふりがなをいったん削除することを考えてみましょう．正規表現による置換を使って，《》で囲まれた文字列を一括して削除したい場合はどうすればよいでしょうか．

　「《》で囲まれた文字列」を正規表現で表す方法を考えてみましょう．《》の中には「任意の文字が 1 文字以上」含まれます．「任意の文字」は ． で，また「1 文字以上」は + で表すことができましたから，一見，以下のように書けばよさそうです．

> 《．+》

　しかしこれではうまくいきません．実は，+ は，「マッチできるもののうち，できるだけ長い文字列にマッチする」という特徴があるのです．試しに《．+》で検索して，何が起こるのかを見てみましょう（図 3.10）．

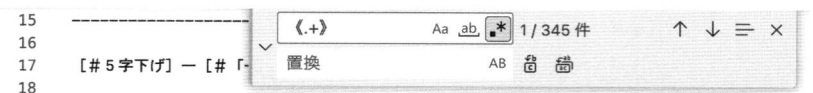

```
15     --------------------
16
17     ［＃5字下げ］―［＃「―
18
19        親譲《おやゆず》りの無鉄砲《むてっぽう》で小供の時から損ばかりしている。小学校に居る時分学
       校の二階から飛び降りて一週間ほど腰《こし》を抜《ぬ》かした事がある。なぜそんな無闇《むやみ》
       をしたと聞く人があるかも知れぬ。別段深い理由でもない。新築の二階から首を出していたら、同級生
       の一人が冗談《じょうだん》に、いくら威張《いば》っても、そこから飛び降りる事は出来まい。弱虫
       やーい。と囃《はや》したからである。小使《こづかい》に負ぶさって帰って来た時、おやじが大きな
       眼《め》をして二階ぐらいから飛び降りて腰を抜かす奴《やつ》があるかと云《い》ったから、この次
       は抜かさずに飛んで見せますと答えた。
20        親類のものから西洋製のナイフを貰《もら》って奇麗《きれい》な刃《は》を日に翳《かざ》して、
       友達《ともだち》に見せていたら、一人が光る事は光るが切れそうもないと云った。切れぬ事がある
       か、何でも切ってみせると受け合った。そんなら君の指を切ってみろと注文したから、何だ指ぐらいこ
       の通りだと右の手の親指の甲《こう》をはすに切り込《こ》んだ。幸《さいわい》ナイフが小さいの
       と、親指の骨が堅《かた》かったので、今だに親指は手に付いている。しかし創痕《きずあと》は死ぬ
       まで消えぬ。
```

> 《．+》　　Aa ab ＊　1 / 345 件　　↑ ↓ ≡ ×
> 置換　　　　　　　　　　AB

　図 3.10.　正規表現《．+》での検索結果．それぞれのふりがなではなく，各行の最初のふりがなから最後のふりがなまでの全体がマッチしてしまっている

　個々のふりがなにマッチしてほしいにもかかわらず，各段落の最初の開き
カッコから，最後の閉じカッコまでの全体がマッチしてしまうことがわかり
ます．これを削除したら，途中の本文も削除されてしまいます．

　では，どうすればいいでしょうか？　一番簡単な方法は，＋ の代わりに +?
を使うやり方です．+? は ＋ とは違って，条件を満たす**最も短い範囲**にマッ
チします．《.+?》のように指定すると，今度は図 3.11 のようにふりがなだ
けを選択できることを確認してください．

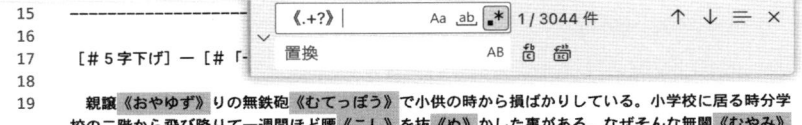

```
15    -------------------
16
17    ［#5字下げ］―［#「
18
19      親譲《おやゆずり》りの無鉄砲《むてっぽう》で小供の時から損ばかりしている。小学校に居る時分学
      校の二階から飛び降りて一週間ほど腰《こし》を抜《ぬ》かした事がある。なぜそんな無闇《むやみ》
      をしたと聞く人があるかも知れぬ。別段深い理由でもない。新築の二階から首を出していたら、同級生
      の一人が冗談《じょうだん》に、いくら威張《いば》っても、そこから飛び降りる事は出来まい。弱虫
      やーい。と囃《はや》したからである。小使《こづかい》に負ぶさって帰って来た時、おやじが大きな
      眼《め》をして二階ぐらいから飛び降りて腰を抜かす奴《やつ》があるかと云《い》ったから、この次
      は抜かさずに飛んで見せますと答えた。
20      親類のものから西洋製のナイフを貰《もら》って奇麗《きれい》な刃《は》を日に翳《かざ》して、
      友達《ともだち》に見せていたら、一人が光る事は光るが切れそうもないと云った。切れぬ事がある
      か、何でも切ってみせると受け合った。そんなら君の指を切ってみろと注文したから、何だ指ぐらいこ
      の通りだと右の手の親指の甲《こう》をはすに切り込《こ》んだ。幸《さいわい》ナイフが小さいの
      と、親指の骨が堅《かた》かったので、今だに親指は手に付いている。しかし創痕《きずあと》は死ぬ
      まで消えぬ。
```

図 3.11.　正規表現《.+?》での検索結果．それぞれのふりがながマッチし
　　　　　ている

うまくいっていることが確認できたら，置換後の欄を空白にしたまま，置
換を実行しましょう．無事ふりがなが削除されれば成功です．

3.4.　形態素解析

　正規表現を使うことでさまざまな検索が可能になりますが，限界もありま
す．まず，日本語では，単語と単語のあいだにスペースなどの区切りがあり
ません．そのため，英語と異なり，「「る」で終わる単語」のような指定をす
ることはできません．また，動詞だけを検索したい，といった場面もありま
すが，もちろんそのような指定もできません．このようなときに役立つの

が，文章を単語に分割してくれる**形態素解析**と呼ばれるアプリです．

　手軽に形態素解析を試したいときは，国立国語研究所が提供する「Web茶まめ」を使うのが一番簡単です．Web茶まめには以下からアクセスできます．

　　　　https://chamame.ninjal.ac.jp/

　さっそく『坊っちゃん』の形態素解析をしてみましょう．Web茶まめでは，解析してほしいテキストを直接書き込むこともできますし，ファイルをアップロードして解析してもらうこともできます．ここでは，画面右側の「テキストファイルから解析」の「ファイルを選択」ボタンを押して，boc-chan.txt をアップロードしてみましょう（図 3.12）．また，「HTMLタグ・《》タグを削除」というオプションがありますので，これを選択すれば前節で行ったふりがなの削除も行ってくれます（図 3.13）．

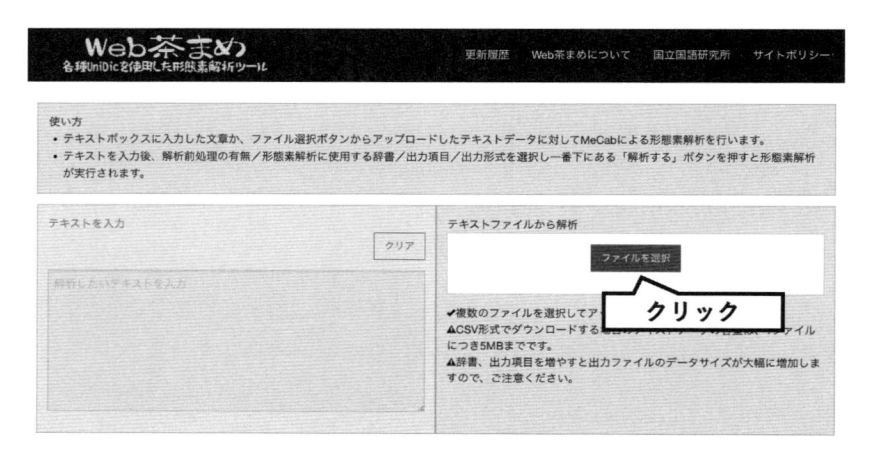

図 3.12.　Web 茶まめへのファイルのアップロード

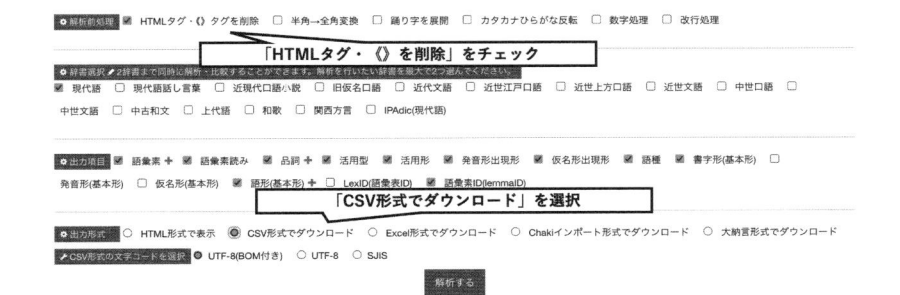

図 3.13.　Web 茶まめのオプション

　結果は画面に表示させることもできますが，「CSV 形式でダウンロード」
または「Excel 形式でダウンロード」を選択すれば，結果をダウンロードし，
Excel などのアプリで結果を検索・集計することができます．なお，ファイ
ルサイズが大きい場合，Excel 形式ではダウンロードできないことがありま
すので，CSV 形式でダウンロードするのがおすすめです（CSV 形式のファ
イルも Excel で開くことができます）．図 3.14 は，bocchan.txt を解析結果
を Excel で開き，見た目を整えた例です．本書では Excel の詳しい使い方
は解説しませんが，Excel の機能を使いこなすことで，形態素解析結果を利
用したさまざまな分析が可能になります（なお，Python で形態素解析結果
を分析する例を 10.2 節で扱います）．

	A	B	C	D	E	F
1	辞書	文境界	書字形（=表	語彙素	語彙素読み	品詞
162	現代語	I	親譲り	親譲り	オヤユズリ	名詞-普通名詞-一般
163	現代語	I	の	の	ノ	助詞-格助詞
164	現代語	I	無鉄砲	無鉄砲	ムテッポウ	名詞-普通名詞-形状詞可能
165	現代語	I	で	だ	ダ	助動詞
166	現代語	I	小供	子供	コドモ	名詞-普通名詞-一般
167	現代語	I	の	の	ノ	助詞-格助詞
168	現代語	I	時	時	トキ	名詞-普通名詞-副詞可能
169	現代語	I	から	から	カラ	助詞-格助詞
170	現代語	I	損	損	ソン	名詞-普通名詞-一般
171	現代語	I	ばかり	ばかり	バカリ	助詞-副助詞
172	現代語	I	し	為る	スル	動詞-非自立可能
173	現代語	I	て	て	テ	助詞-接続助詞
174	現代語	I	いる	居る	イル	動詞-非自立可能
175	現代語	I	。	。		補助記号-句点
176	現代語	I	小	小	ショウ	接頭辞

図 3.14. 形態素解析結果を Excel で表示

　最後にいくつか注意です．「形態素」という言葉は，言語学ではそれ以上分解できない意味を担う最小単位を指しますが，形態素解析アプリは必ずしも最小単位まで分解してくれるとは限りません．どのように区切られるかは，使うアプリや辞書によって変わってきます．解析結果を検索したり集計したりする場合は，使用した形態素解析アプリがどのように文を区切っているかに十分注意する必要があります．また，形態素解析の性能はかなり上がっているものの，結果には誤りがある可能性があります．とくにくだけた話し言葉や，表記が標準的でないものなどは，誤りが多くなる傾向があります．また，研究対象が新奇な表現であるような場合は，その部分でとりわけ形態素解析に誤りが生じやすいかもしれません．形態素解析結果をそのまま信じて研究を進めてよいかどうかについては細心の注意が必要です．

3.5. まとめ

本章ではエディタを用いたテキストファイルの検索，とくに正規表現を用

いた高度な検索について紹介しました．正規表現をうまく利用することで，ファイルから不要な部分を削除するなどの加工も可能になります．なお，正規表現は奥が深く，ここではほんの入り口しか紹介していません．言語研究における正規表現の利用についてもっと詳しく知りたい方は，大名（2012）『言語研究のための正規表現によるコーパス検索』がおすすめです．正規表現はプログラマにとっての基礎知識でもあるためウェブ上にも情報が多く，正規表現を視覚化してくれるサイトや，ゲーム仕立てで学ぶことができるサイトなどもあるようです．

3.6.　練習問題

1.　以下の表のように，左の正規表現パターンで，右にある文字列を検索したとします．それぞれ，検索でマッチする箇所があるでしょうか？　マッチするとすれば，その範囲はどこでしょうか？

正規表現	検索対象の文字列
^しい	たのしい
[^し]い	うれしい
[^し]い	おもしろい
[^し]い	いつも
ている?	見ていない
て.い	見ていない
て.?い	見ていない
て.+い	見ていない

　　実際にテキストエディタに右の文字列を入力し，左の正規表現パターンで検索して，予想が正しいかどうか確かめてください．

2.　『坊っちゃん』では「こども」という語に対して「子供」と「小供」という 2 つの表記が混在しているようです．両方の表記を同時に検索してください．

3. 青空文庫からダウンロードした『坊っちゃん』には，ふりがなのほかに「［＃「もし」に傍点］」のような注釈も挿入されています．この注釈の削除を，フリガナの削除と同様に行ってみましょう．

4. 今，テキストファイルの各行の先頭に不要なスペースが入っているので，それらをまとめて削除したいとします．ちゃんとした（単語と単語のあいだに挿入されている）スペースは削除してはいけません．どのようにすればいいでしょうか？

```
    This text has
  unnecessary white spaces
        at the beginning of
     each line.
```

5. 日本語には，「約束は約束だ」「教師が教師なら，生徒も生徒だ」のような同語反復表現があります．『坊っちゃん』にも，このような表現が使われている箇所があります．『坊っちゃん』に含まれる同語反復表現の例を検索で見つけてください．

第4章

Python に触れてみよう

この章からいよいよ Python を使ったプログラミングに入ります．Python を使い始めるのは簡単です．まずは Python を電卓のように使ってみましょう．次に，最初のキーポイントである「変数」について学びます．さらに Python でのテキストデータの取り扱いの初歩にも触れてみましょう．

4.1. Python はじめの一歩

さっそく Python を体験してみましょう．Python は自分のパソコンにインストールして使うこともできますが，本書では，Google Colaboratory（以下では Google Colab と略すことにします）というサービスを使います．このサービスを使うと，Google のアカウントさえあれば，インストール作業などを行わなくてもすぐに Python を使ってみることができます．

ただし，Google Colab を使用するにはプログラムやデータを Google のクラウド上に置く必要があるため，扱いたいデータが大規模であったり，セキュリティ上の心配があったりして，利用を避けたい場合もあります．扱うデータによっては，個人情報保護などの理由で，クラウドに上げないという約束になっているかもしれません．そのような場合は，代わりに同じようなアプリを自分のパソコンにインストールすることができます（詳しいやり方は**付録**で説明します）．

Google Colab へのアクセス

Google Colab を使い始めるには，以下の URL にアクセスするだけです．ただし，Google にログインしている必要があります．

https://colab.research.google.com/

この URL にアクセスすると，画面左下に「ノートブックを新規作成」と書かれたボタンが表示されますので，クリックします（図 4.1）.

図 4.1．Google Colab にアクセスしたときの画面

すると，図 4.2 のような画面になります．

図 4.2.　Google Colab でノートブックを新規作成したときの画面

「コーディングを開始するか，AI で生成します」と書かれた箇所（セルと呼びます）をクリックすると，さっそくそこに Python のプログラムを入力することができます．まず，次のように書いてみましょう（ものすごく簡単ですが，これも Python のプログラムです）.

```
3 + 5
```

プログラムが書けたら，実行する必要があります．プログラムを実行するには，セルの左側にある実行ボタンを押してもかまいませんが，Shift + Enter などのショートカットキーを使うのが便利です.

```
結果
8
```

初回の実行は少し時間がかかることがありますが，結果の 8 が画面に表示されれば成功です.

続けて別のプログラムを書きたいときは，マウスカーソルをセルの中央下あたりに合わせると「＋コード」というボタンが現れます（図 4.3）ので，これを押すと，次のプログラムのためのセルが作られます（ショートカットキーの Shift + Enter を押した場合は，プログラムが実行されるとともに，

次のセルも自動的に作られます）．ちなみに，「＋テキスト」のほうを押すと，プログラムではなく普通の文章でメモを自由に書くことができます．

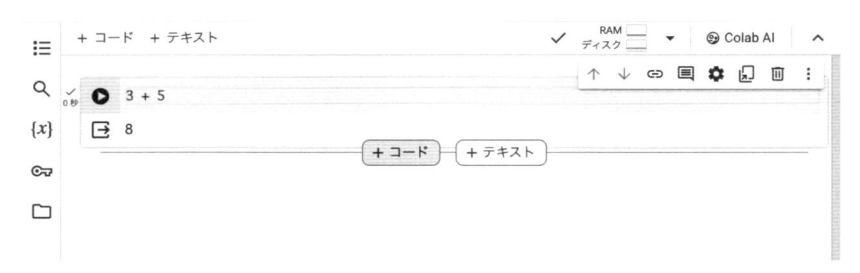

図 4.3. 「＋コード」を押して次の入力欄を作成する

Google Colab で書いたプログラムの保存

　Google Colab では，書いたプログラムの内容は自動的にクラウド上に保存されますので，特別に保存の操作は必要ありません．ただし，デフォルトでは，画面左上に表示されているとおり，タイトルが「Untitled.ipynb」などになっています．この「Untitled.ipynb」の部分をクリックすると名前を書き換えることができますので，わかりやすい名前を付けるとよいでしょう．次回からは，Google Colab にアクセスすると保存したファイルの一覧が表示されます．

　なお，プログラム自体は自動的に保存されますが，一時的にアップロードしたデータ（データをアップロードする方法については次の第 5 章で説明します）や，プログラムを実行した結果の状態などについては一定時間経つと消えるようになっています．日を改めて作業を再開したい場合などは，プログラムを最初から実行し直したり，データをアップロードし直したりする必要があります．

4.2.　Python を電卓として使ってみる

　まず Python を電卓として使ってみましょう．
　なお，数字や記号がいわゆる全角文字になっているとうまく動作しませ

ん．しばらくは日本語入力をオフにし，日本語の文字が混ざらないようにしましょう．

```
3 + 5
```

結果
```
8
```

　上の例では，数字と記号（+）のあいだにスペースを 1 つずつ入れています．これは単に見やすさを考えてのことで，スペースなしで 3+5 としても問題なく動作します（逆に，スペースを複数入れても問題ありません）．ただし，**行の一番先頭にはスペースを勝手に入れることができません**．これは，行の先頭のスペースには Python では特別な意味があるからです（5.1節で説明します）．

　かけ算は *，割り算は / を使います．

```
2 * 7
```

結果
```
14
```

```
15 / 2
```

結果
```
7.5
```

　上の割り算では結果が小数になりましたが，小数点以下を切り捨てることもできます．そのときは / の代わりに // を用います．

```
15 // 2
```

結果
```
7
```

　また「余り」を調べることができます．次の式は，「15 を 2 で割ったときの余り」を意味しています．

```
15 % 2
```

結果
```
1
```

　もちろん，もっと複雑な式を書くこともできます．計算の優先順位を示すためのカッコも使えます．

```
(3 + 5) * 5
```

結果
```
40
```

エラーが出てしまったら

　プログラムは融通がききません．少しでも入力ミスがあると，エラーが出てしまう可能性があります．例えば，下の例は一見何の問題もなさそうですが，半角の「+」ではなく全角の「＋」を入力してしまっているため，エラーになります．

```
3 ＋ 5
```

結果
```
3 ＋ 5
  ^
SyntaxError: invalid character '＋' (U+FF0B)
```

　エラーが出ても慌てる必要はありません．まとまったプログラムを書いたときは，最初から何も間違いがないということはめったにありません．本書の範囲では，プログラムを書き間違えたためにデータが消えてしまうとか，

人に迷惑がかかるといった心配はありませんので，入力した内容を焦らず見直しましょう．エラーメッセージはふつう英語ですが，慣れるとエラーメッセージの意味がわかるようになっていきます．

4.3. 変数

変数をつくる

　Python を電卓として使うことができましたが，これだけではまだプログラミングらしくありません．この節ではいよいよ「変数」を導入します．「変数」を使うことで，ある数値を覚えておき，あとで再利用することができるようになります．まずは次の内容を実行してみましょう．

```
number = 1
```

　これは number という名前の変数に 1 を入れるという意味です（**代入**と言います）．この = という記号は，数学とは違って**「等しい」という意味ではありません**（あとの章で説明しますが，「等しい」には == という別の記号が用意されています）．あくまでこれは「number を 1 にしてください」という指示です．

　上の内容を実行すると，これまでと違い，結果が何も表示されません．Google Colab では，3 + 5 のような値（計算結果）をもつものを最後に書くと，その値が表示されるようになっています．ところが，number = 1 は「number に 1 を入れてください」という指示を表していて，値ではありません．そのため，何も表示されないのです．

　number に無事 1 が入ったかどうかはどうやって確かめればいいのでしょうか．次のように入力するだけです．

```
number
```

結果
```
1
```

無事，`number` に入っている数値が表示されました．

変数の名前の付け方

変数名は何文字でもよく，自由に決めることができます（正確には，`if` や `for` のように，Python で最初から意味が決まっている一部のキーワードは変数名に使うことができません）．数学と違って，変数をとりあえず x, y, … などと名付けていくことはあまりしません．**ふつうは，何を表す変数なのか，意味を考えて具体的な名前をつけるようにします．**

変数名は通常，アルファベット・数字・アンダーバー `_` を組み合わせて作ります（ただし，数字から始めることはできません）．[5] a, `answer`, `answer2`, `answer_list` などが変数名として問題のない例です．また，大文字と小文字は区別されますので気をつけましょう．例えば，`Answer` と `answer` は関係のない別の変数になります．通常は，小文字で統一するのがよいでしょう．

変数を使うのはなぜか

変数を使うメリットについて，もう少し考えてみましょう．例えば，200 円のりんご 2 個と，100 円のみかん 3 個を買った場合，値段は合計でいくらでしょうか．これは，以下のように式を書けば計算できます．

```
200 * 2 + 100 * 3
```

結果
```
700
```

ところが，これはどの数字が何を表しているのか書かれていませんので，何を計算しているのか，あとで見てもよくわかりません．そこで，これを変数を使って書き直してみましょう．まず，りんごとみかんの単価を表す変数

---

[5] 漢字やひらがななどを変数名に使うこともじつは可能なのですが，一般的ではないので避けるほうが無難です．

を作ります.

```
apple_price = 200
orange_price = 100
```

　Google Colab ではこのように 1 つのセル内に複数行をまとめて書くことができます. Shift + Enter を押すとセルの内容が実行されることにはすでに触れましたが, Enter を押すと普通の改行になります. 複数行を書いた状態で Shift + Enter を押すと, セル内のすべての行が順に実行されます.

　次に, この変数を使って式を立てます.

```
apple_price * 2 + orange_price * 3
```

結果
```
700
```

　計算結果は先ほどと同じですが, これで何を計算しているのかわかりやすくなりました.

　変数を使うことにはさまざまなメリットがあります. 例えば, りんごが値上げされて 250 円になったとしましょう. この場合, 上のように変数を使っていれば, 先頭の `apple_price = 200` を修正して, `apple_price = 250` に直すだけで OK です. もし, プログラムのあちこちに 200 円というりんごの値段が直接書き込まれていたらどうでしょうか. 間違ってりんごの値段ではないものを書き換えないよう注意しながら, プログラム全体の修正作業を行わなければいけません. **変数を使うと, やりたいことのロジックと, 具体的なデータとを分けることができます.**

　もっと実用的なプログラムでは, 具体的なデータはプログラムの実行中にファイルから読み込んだり, ユーザが入力したりします. その場合は, そもそもあらかじめ数字をプログラムに書き込んでおくことはできませんので, 変数を使うしかないわけです.

変数の中身をアップデートする

変数の中身は何度変更してもかまいません．例えば次の例を考えてみましょう．

```
number = 1
number = 2
```

複数行にわたって書かれたプログラムがあるとき，プログラムは基本的に**上から 1 行ずつ順番に実行されます**．上のプログラムは，まず「number を 1 にして」，次に「number を 2 にする」という操作を順に行うことを表しています．つまり，最終的に number が 2 になったところで動作が終了します．一見，number = 1 と number = 2 では矛盾していると思ってしまうかもしれませんが，プログラムとしては問題ないのです．

さらに，プログラミングでは，次のようなことも可能です．

```
number = 2
number = number + 1
number
```

結果
```
3
```

数学では number = number + 1 ということはあり得ませんが，Python の = は「等しい」という意味ではないことを思い出してください．Python の = は，右の値を左の変数に入れてください，という指示ですから，次のように問題なく動作します．number には最初 2 が入っていますので，number + 1 の計算結果は 3 です．この 3 を number に入れるので，最終的に number の値は 3 となってプログラムが終了します．

このように，計算結果を再び自分自身に代入する動作は，プログラムの中でひとつずつ数を数えたいときなどに活用できます（6.4 節でテキストファイルの行数を数える例を紹介します）．非常によく使うので，+= という省略記法が用意されています．number += 1 と書くと，次の例のように，

number = number + 1と同じ意味になるのです.

```
number = 2
number += 1
number
```

結果
```
3
```

4.4.　Python で文字列を扱おう

　さて，ここまで数値の扱いについて学んできましたが，本書のテーマはテキスト処理ですので，数値の計算だけしていても仕方ありません．テキストデータの扱い方を見ていきましょう.

　数値のデータは 3 のようにそのまま数字を書くだけで良かったのですが，文字列のデータを直接プログラムに書くときは，'犬' のように，引用符で囲う必要があります（シングルクオーテーション ' とダブルクオーテーション " のどちらを使ってもかまいません).[6] 引用符の中は日本語を含め，基本的にどんな文字を使っても問題ありません.

　数値のときとまったく同じように，文字列を変数に代入することができます.

```
word = '犬'
word
```

結果
```
'犬'
```

　変数名の付け方にも数値のときと違いはありません．ただし，この例のよ

---

[6] ただし，対応する引用符には同じ記号を使う必要があります．また，シングルクオーテーションを使うとダブルクオーテーションを引用でき，逆にダブルクオーテーションを使うとシングルクオーテーションを引用できるという違いがあります．それ以外の意味の違いはありません.

うに，変数に何を入れているのかわかりやすい名前にすることが大事です．

　さて，数値のときと同じように，文字列の「足し算」を実行してみるとどうなるでしょうか．

```
'猫' + '舌'
```

> 結果
> '猫舌'

　文字列に + を適用すると，数値のときとは少し違い，このように文字列を「連結」することができます．

文字列の中身を取り出そう：インデクシングとスライシング

　Python には，文字列を扱うときに便利なさまざまな機能が用意されています．例えば，ある文字列の最初の文字が何であるか知りたいときはどうすればいいでしょうか．3 文字目が知りたいときはどうでしょうか．

　Python では word[2] のように，番号を大カッコに入れて書くことで，その文字列に含まれる特定の文字を取り出すことができます．この機能は**インデクシング**といいます．次の例は 'チョコレート' という文字列を変数 word に代入したあと，文字列の 1 文字目と 2 文字目が何かを調べています．

```
word = 'チョコレート'
word[0]
```

> 結果
> 'チ'

```
word[1]
```

> 結果
> 'ョ'

　1 文字目が [0]，2 文字目が [1]，3 文字目が [2]，... のようになるこ

とに気をつけてください．コンピュータの分野では，このように 0 から数を数え始めるということがよくあります．

　さて，文字列の最後の文字を知りたいときはどうすればいいでしょうか．文字数を調べて，全部で 6 文字あるなら最後の文字は ［5］（［6］ではないことに注意！）というように指定することもできますが，もっと便利な書き方が用意されています．［-1］と書くといつも「最後の文字」を意味します．

```
word[-1]
```

結果
```
'ト'
```

　同様に，［-2］は後ろから 2 文字目，［-3］は後ろから 3 文字目 … を意味します．

　大カッコ ［］ の中に 1 つの数字を書くかわりに，2 つの数字をコロンでつなげて書くことで，取り出す範囲を指定することもできます（こちらの機能は**スライシング**といいます）．例えば，最初の 2 文字を取り出したいときは，次のようにします．

```
word[0:2]
```

結果
```
'チョ'
```

　2 文字目と 3 文字目だけ取り出したいときは次のようにします．

```
word[1:3]
```

結果
```
'ョコ'
```

　この範囲指定の仕方はちょっとわかりにくいので，図にしてみました．

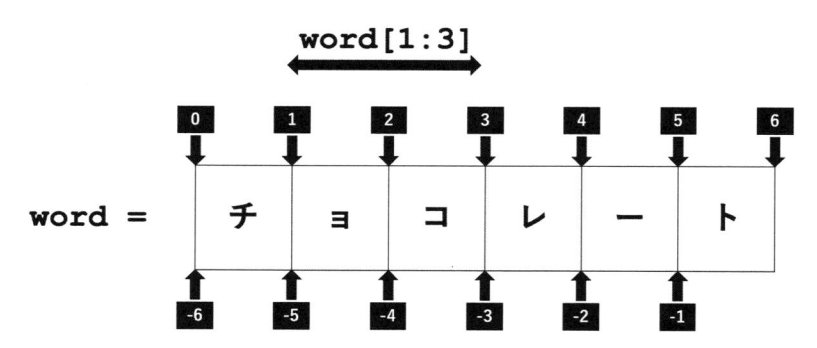

図 4.4. スライシングにおける範囲指定の考え方

　図 4.4 のように，0, 1, 2, … という数字は文字自体ではなく文字と文字の境界についている番号であると考えると，範囲指定の仕方がわかりやすくなります．

　なお，範囲指定において「最初から」あるいは「最後まで」という指定をしたいときは，数字を省略することができます．例えば word[0:2] は word[:2] と書いても同じ意味になります．

```
word[:2]
```

```
結果
'チョ'
```

　同様に，2 文字目以降全部を取り出したい（つまり最初の文字だけ削除する）のであれば，[1:] となります．

```
word[1:]
```

```
結果
'ョコレート'
```

文字数を調べよう：len() 関数

　さて，文字列が何文字あるかを知りたいときはどうしたらいいでしょう

か．文字数を調べるには，`len()` という関数を使います．以下のように入力してみましょう．

```
len('パイナップル')
```

結果
6

　ここで初めて「関数」という言葉が出てきました．「関数」は数学でもおなじみですが，なにかデータを「渡す」と，それをほかのデータに変換して「返して」くれる機械だと考えればよいでしょう（図 4.5）．例えば `len()` は，文字列を渡すと，その長さを返してくれる関数です．なお，「関数」という言葉には「–数」とついていますが，プログラミング言語でいう関数は必ずしも数値を扱うというわけではありません（英語では function ですから，とくに「数」とは言っていませんね）．入力と出力がどんなデータであっても「関数」であることに変わりはないのです．

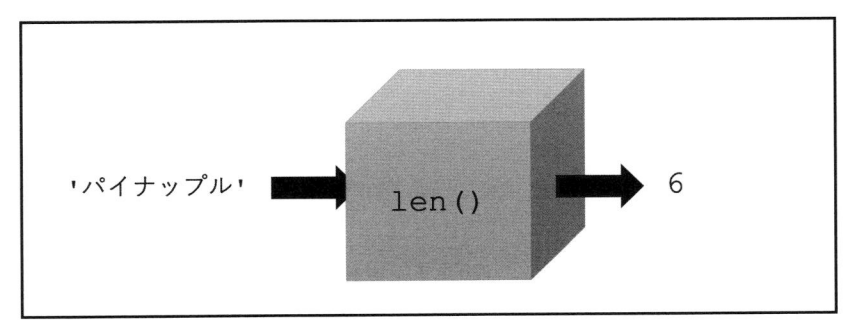

図 4.5.　長さを返す関数 `len()`

数値と文字列の区別

　これまでに「数値」と「文字列」という 2 種類のデータのタイプが出てきました．Python ではこのように異なる種類のデータははっきりと区別されるので，自分がどんな種類のデータを扱っているのかに注意する必要があり

ます．例えば，2 というのは数値ですが，'2' というのは，引用符で囲まれ
ていますから，文字列であって数値ではありません．間違って，数値と文字
列の足し算をしてしまうとどうなるでしょうか．例えば，以下を試してみま
しょう．

```
a = '2'
b = 3
a + b
```

これを実行すると，以下のようなエラーメッセージが出てしまいます（エ
ラーメッセージの一部を抜粋しました）．

結果
```
TypeError: can only concatenate str (not "int") to str
```

このミスは，例えば何かを計算してから，それを文章に埋め込んで表示し
たいといった場合に発生しがちです．例えば，りんごとみかんの値段を計算
して，合計が 700 円なら「合計で 700 円です．」と表示するプログラムをつ
くってみましょう．まず，合計を計算します．

```
apple_price = 200
orange_price = 100

total = apple_price * 2 + orange_price * 3
```

これで合計金額が計算できたので，結果を文章で表示するために，次のよ
うにしたくなります．

```
'合計で' + total + '円です。'
```

ところが，このプログラムは残念ながら間違いです．なぜなら，total
は数値なので，'合計で' のような文字列と足し合わせることはできないか
らです．では，「合計で 700 円です。」のような表示を出すには，どのように

すればよいのでしょうか.

　ひとつの方法は，str() という関数を使うやり方です．str() は，次のように，データを文字列に変換します.

```
number = 8
str(number)
```

結果
```
'8'
```

　number の中身は数値ですが，str() 関数が返す結果は文字列になっています（結果に引用符がついていることに着目してください）.

　この str() を使うと，さきほどの課題は次のようにして解決できます.

```
'合計で' + str(total) + '円です。'
```

結果
```
'合計で700円です。'
```

f 文字列

　str() を使うことで計算結果を文章に埋め込むことができましたが，もう少し便利な比較的新しい機能を紹介しましょう．文字列の引用符の前に f という文字をつけると，中に変数を埋め込むことができるようになります（f は「書式を整える」という意味の format の頭文字です）．この f 文字列を使うと，次のように書くことで計算結果を文章に埋め込むことができます.

```
f'合計で{total}円です。'
```

結果
```
'合計で700円です。'
```

　f 文字列では，中に {} で囲った変数名を書くと，その部分を変数の指す

値に置き換えて表示してくれるのです．この機能を使う場合，str() を使っ
てあらかじめ文字列に変換しておく必要はありません．

なお，f 文字列には，表示する桁数を指定する，パーセント表示するなど
などの進んだ機能もあります．

int() による数値への変換

逆に文字列を数値に直したいときもあります．例えば数値のデータをテキ
ストファイルなどから読み込んだ場合，そのままでは数値データではなく文
字列のデータになっているおそれがあります．簡単な例として，次の 2 つ
の文字列を数値とみなして足し合わせるにはどうすればいいでしょうか．

```
a = '191'
b = '266'
```

単純にこのまま a + b と書いてしまうと，これは数値の足し算ではな
く，文字列の連結になってしまいます．

```
a + b
```

結果
```
'191266'
```

このようなときには int() という，データを数値に変換する関数を使い
ます．次のように入力してみましょう．うまく数値としての足し算の結果が
表示されれば成功です．

```
int(a) + int(b)
```

結果
```
457
```

なお，int() は整数に直したいときに用います（int というのは整数
（integer）のことです）．小数点以下がある場合は float() という別の関数

を使う必要があります.

　このように，Python には，数値や文字列など，データの「型」にさまざまな種類があり，それぞれ扱い方が違います. 変数の名前の付け方は自由なので，名前を見ただけではどのようなデータが入っているのかはわかりません. 現在扱っているのがどのような種類のデータなのかを意識することが大事です. 変数に入っているデータの型を直接調べたいときは type() という関数などを使うことができます.

4.5. まとめ

　本章では Python と Google Colab の基本操作について紹介しました. これを足がかりにして，次の章からいよいよ Python でまとまった言語データを扱う方法を見ていきましょう.

4.6. 練習問題

1. 華氏 86 度は摂氏何度でしょうか？ Python で計算してみましょう. なお，華氏を F，摂氏を C とすると，華氏から摂氏は $C = (F - 32) \times 5 \div 9$ で計算できます.

2. 次のうち変数名として使うことができるのはどれでしょうか.

```
2nd
number_of_words_in_file2
vowels&consonants
```

3. 次の操作を行いました. それぞれどのような結果が表示されるでしょうか. まずは何が起こるか予想してみましょう. 次に，その予想が正しいかどうか実際に確かめてください.

```
a = 'doki'
a * 2
```

```
a = 8
a -= 1
a
```

```
a = '5'
b = '8'
a + b
```

4. 変数 word に文字列が入っているとします．この文字列から最後の文字を削除した結果を表示するプログラムを書いてください．例えば，word に入っている文字列が '愛知県' なら，'愛知' を表示するということです．

第 5 章

Python で検索をしよう：条件分岐

この章では Python でコーパスを読み込んでみましょう.
コーパスの全文を表示することができたら，次は条件に合う行
だけを表示する（つまり，Python を使ってコーパス検索を実
現する）ことを目指します．そのためには「条件分岐」の考え
方がカギになります.

5.1. ファイルの内容を表示してみよう

ファイルをアップロードする

さっそく，Google Colab でファイルを開く方法を紹介しましょう．
Google Colab はウェブ上で動作していますので，そのままでは自分が持っ
ているファイルにアクセスすることはできません．まずファイルをアップ
ロードする必要があります.

ここでは「青空文庫」から入手可能な石川啄木の『一握の砂』を使うこと
にします.[7] 以下の URL の一番下のほうにある「テキストファイル（ルビあ
り）」のファイル 816_ruby_5621.zip をダウンロードし，解凍してみましょ
う.

https://www.aozora.gr.jp/cards/000153/card816.html

---

[7] どの作品を使ってもかまわないのですが，ここで『一握の砂』を選んだ理由は，この作
品は各行が短く，画面上で検索結果を確認するのに都合がいいためです.

ichiakuno_suna.txt というテキストファイルが取り出せれば成功です．テキストエディタで内容を確認してみるとよいでしょう．なお，今回もファイルの文字コードが Shift JIS なので，VSCode では文字化けが生じます．2.3節を参考に Shift JIS を指定して読み込み直してみましょう（図 5.1）．

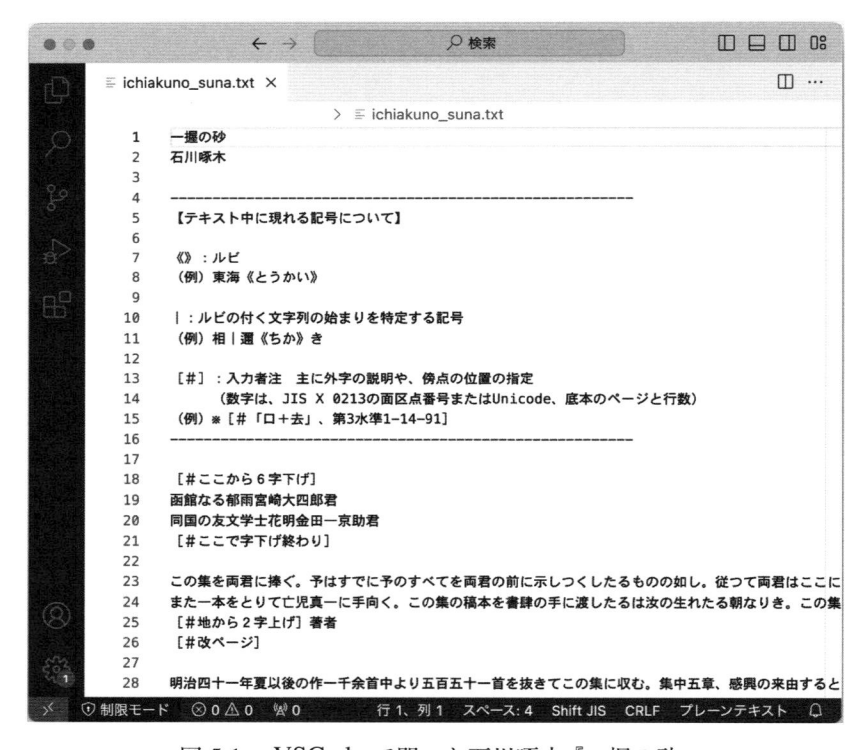

図 5.1．VSCode で開いた石川啄木『一握の砂』

さて，次にこのファイルを Google Colab にアップロードしてみましょう．Google Colab のページで，画面左端のフォルダアイコンをクリックしてください．すると，フォルダの中身を表すスペースが現れますので，ここに，自分のパソコンにあるファイルをドラッグ＆ドロップします（なお，sample_data という名前のフォルダが見えていますが，これは本書では使いません）．

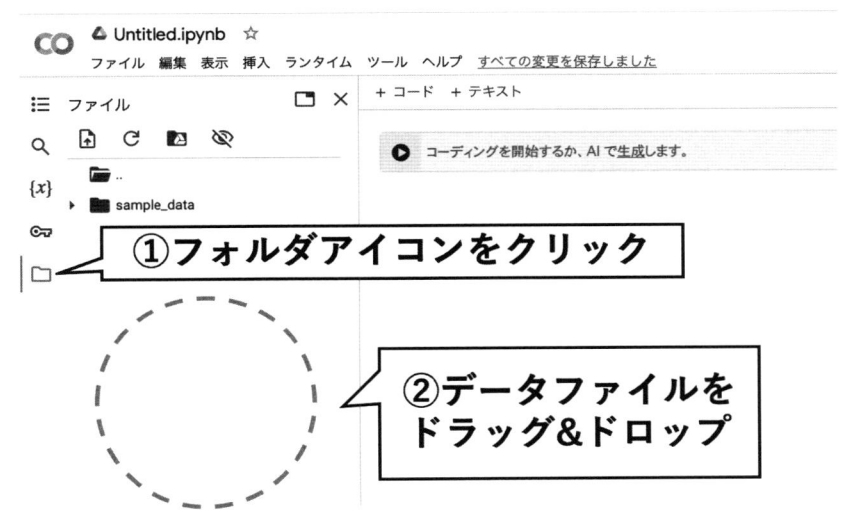

図 5.2.　Google Colab へのデータのアップロード

　なお，アップロードしたファイルは一時的なものです．一定時間が経過すると消えてしまいますので，データを保存しておく目的には使えません．ご注意ください（アップロードする際にも，注意を促すメッセージが出ると思います）.[8]

ファイルの内容を表示する
　ファイル ichiakuno_suna.txt がアップロードできたら，さっそく以下のプログラムを実行してみましょう．内容はのちほど解説します．

```
with open('ichiakuno_suna.txt', encoding='s-jis') as file:
  for line in file:
    line = line.rstrip()
    print(line)
```

---

[8] データをその都度アップロードする代わりに，Google ドライブ（Google のクラウドストレージ）をお使いの場合は，そこに保存してあるファイルにアクセスする方法もあります．

　なお，2行目以降では，行の最初に空白が入っています（**インデント**ある
いは**字下げ**と言います）．2行目にはスペース2個ぶん，3行目・4行目では
スペース4個ぶんが空けてあります．Pythonでは，**インデントはプログラ
ムの意味的なまとまり（ブロック）を表すための文法上の約束事**ですので，
省略することはできません（これは他のプログラミング言語では珍しいPy-
thonのユニークな特徴です）．

　このプログラムを実行してみましょう．『一握の砂』の内容が表示されれ
ば成功です（なお，出力が非常に長いため，実行直後は作品の一番最後のみ
見えている状態になります．実行結果が表示されている部分でスクロールす
ることで作品の最初に戻ることができます．今後紹介する他のプログラムで
も，出力が長い場合は事情は同じです）．

```
結果
一握の砂
石川啄木


----------------------------------------------------------
【テキスト中に現れる記号について】
（後略）
```

各行の解説

　さて，上のプログラムではまだ説明していないいろいろな機能が使われて
います．ここでは完全に理解する必要はありませんが，大まかに各行でどの
ような操作を行っているのか説明しておきます．話が細かくなりますので，
早く先に進みたい方はいったん次の節まで飛ばしていただいてもかまいませ
ん．

```
with open('ichiakuno_suna.txt', encoding='s-jis') as file:
```

　この行は，「'ichiakuno_suna.txt' というファイルを開き，それを仮
に file と名付けた状態で，以下を実行してください」といった意味になり

ます．先に説明したインデントが，ここでいう「以下」の範囲を示している，ということになります（図 5.3）．

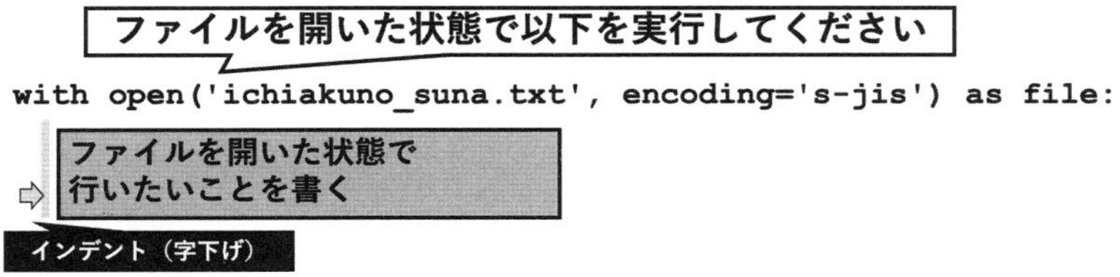

ファイルを開いた状態で以下を実行してください

```
with open('ichiakuno_suna.txt', encoding='s-jis') as file:
```

ファイルを開いた状態で
⇨ 行いたいことを書く

インデント（字下げ）

図 5.3.　with のブロックを示すインデント

　インデントはスペース何個分でもかまいませんが（通常は 2 個か 4 個にすることが多いです），同じプログラム内では統一する必要があります．この本では，インデントはスペース 2 個で統一することにします．

　なお，encoding='s-jis' というのは，ファイルの文字コードが Shift JIS であるということを伝える役目を果たしています．青空文庫からダウンロードしたテキストファイルの文字コードは Shift JIS でしたので，この指定が必要です．なお，Python のデフォルトは UTF-8 ですので，テキストファイルの文字コードが UTF-8 のときはこのオプションは省略できます．

　2 行目は以下のようになっていました．先頭に 2 つスペースが入っています．

```
  for line in file:
```

　この行は，「file（1 行目で作った変数です）の各行について，仮に line という変数名をつけて，以下を繰り返し実行してください」といった意味になります．for による繰り返しについては，次の 6 章で詳しく扱います．ここで再び「以下」の範囲を示す必要がありますので，その次の行からは 2 重にインデントされます（図 5.4）．

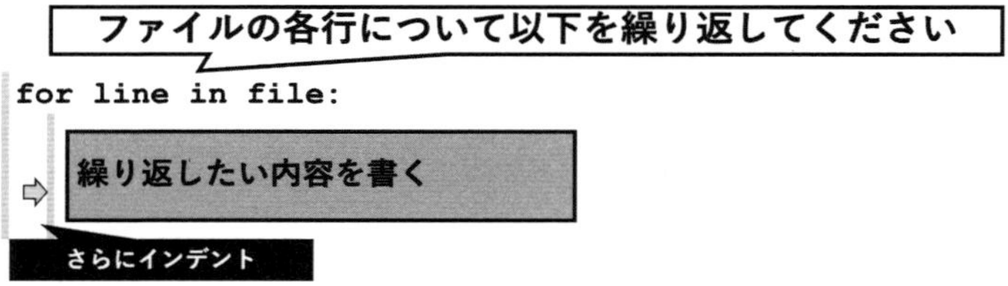

図 5.4. for のブロックを示すインデント

　3 行目は以下です．ここからは 2 重にインデントされていますので，先頭に 4 つスペースが入っています．

```
line = line.rstrip()
```

　ここでは，rstrip() という関数を使って line （各行の内容）の末尾にある改行を削除し，それを再び line に代入しています（なお，正確には改行だけでなく，文末にあるスペースなども削除されます）．第 2 章でも述べたように，コンピュータにとっては改行も一種の文字です．今回のやり方で各行ごとにテキストファイルを読み込んだ場合，各行の末尾には改行文字がついたままになっています．改行文字がついたままその後の処理を行ってもよいのですが，人間には直接見えない改行文字が付いていると混乱しやすく，ミスの原因になるので，このようにまず改行文字を削ると扱いやすくなります．

　ちなみにこの rstrip() という関数は，4.4 節で長さを調べるときに使った len() 関数や，文字列に変換するときに使った str() 関数などと書き方が違うことに気付かれた方がいるかもしれません．len() や str() では，カッコの中に変数名を書くのに対し，rstrip() では関数は変数名の後ろに書きます．rstrip() のような関数は，正確には**メソッド**といいます．これは大まかに言うと，len() は文字列以外に対しても使える一般的な関数として定義されているのに対して，rstrip() は文字列に特化した機能として作られているという違いによるものですが，必ずしも機能から予想がつくとも限らないので，基本的には個別に書き方を覚える必要があります

す．本書では特に区別せず「関数」と呼んでいます．

　4 行目は以下です．この行も 2 重にインデントされています．

```
    print(line)
```

　この行は「line の中身を表示してください」という意味です．3 行目で改行文字を削除しましたが，print() はデフォルトでは逆に文字列の末尾に自動的に改行文字をつけます．これがデータの各行について繰り返されるので，結果としてファイルがすべて元通りに表示されるというわけです．

　もちろん，ファイルの内容を表示するだけなら，わざわざプログラムを新しく書く必要はありません．テキストエディタなどで閲覧すれば十分です．しかし，これからこのプログラムに少しずつ手を加えることで，条件に合う行だけを抜き出す，加工する，集計する … といったことが可能になるのです．

プログラムにコメントを書く

　プログラムには，動作に影響しないコメントを書くことができます．Python では，# 記号を書くと，その行のそれ以降がコメント扱いになり，プログラムの実行のうえでは無視されるようになりますので，自由にメモを書くことができます．メモは日本語で書いてもかまいません．

　複数行にわたる内容に対してコメントをつけるときは，その手前にコメントを書くことが多いです．特定の行についてちょっとした注意書きが必要といったときは，同じ行の右にコメントを付け加えることもできます．

```
# ファイルの内容を表示する
with open('ichiakuno_suna.txt', encoding='s-jis') as file:
  for line in file:
    line = line.rstrip()    # 改行を削除
    print(line)
```

　コメントは，他の人の書いたプログラムの意図を理解するときに役立つのはもちろんですが，自分の書いたプログラムであっても，何ヶ月か経ってあらためて読もうとすると意図を忘れている，ということは珍しくありませ

ん．そういったときにもコメントは役に立ちます（未来の自分は他人のような
もの，と言ってもいいかもしれません）．慣れないうちは多めにコメント
を書くようにするとよいでしょう．

　なお，コメントは，プログラムの一部を一時的に実行対象から外す目的に
使うこともあります（**コメントアウト**と言います）．例えば，ある行が原因
でエラーが起こっているのではないか，と思ったときは，その行の先頭に一
時的に # を付け，実行対象から外して実行してみることで確かめることが
できます．

5.2. 条件分岐

　さて，前節のプログラムに手を加えて，**条件に合う行だけを表示する**とい
うことに挑戦してみましょう．条件に合う行だけを表示するということは，
言い換えると，Python を用いて「検索」ができるようになるということです．
　そのためには，Python でプログラムを条件によって分岐させる方法を学
ぶ必要があります．まず条件分岐の基本を学び，次に実際に条件分岐を利用
して，条件に合う行だけを表示するプログラムを作成してみましょう．
　Python でプログラムを条件分岐させるには if 文を使います．条件分岐
の骨組みは以下の通りです．

```
if  条件式:
    条件が合ったときにだけ実行してほしいこと
```

　1 行目が if 文です．if 文の最後には必ずコロン（:）が必要ですので忘
れないようにしてください．
　2 行目から，「条件が合ったときにだけ実行してほしいこと」を書きます．
先頭が字下げ（インデント）されていることに注目してください．このイン
デントが，if のブロック（条件が合ったときにだけ実行してほしいことの
範囲が，どこからどこまでなのか）を表します．前の節に出てきた with 文
や for 文に後続するブロックも同じで，Python では意味的なまとまりを示

す目的でインデントを使うのです．

　条件分岐をやめて，条件にかかわらず実行してほしい内容に戻るときは，インデントを元に戻します．

```
if  条件式:
    条件が合ったときだけ実行してほしいこと

ここは条件を問わず実行される
```

　なお，if のブロックが終わったあとの空白行は必須ではありませんが，空白行は動作には影響しませんので，内容の区切りに適宜挟むことでプログラムを読みやすくすることができます．

　さて，条件式というのはどのように書けばいいのか，具体的に見ていきましょう．

いろいろな条件式

　簡単な条件式として，数値の大小比較があります．

```
5 > 3
```

```
結果
True
```

```
5 < 3
```

```
結果
False
```

　条件式を入力すると，結果として True （真）あるいは False （偽）という値が返ってきます．これは，仕組みとしては 3 + 5 という式が 8 という値を返してくれるのと同じことです．5 > 3 のような条件式は True または False という 2 種類の特別な計算結果のどちらかになるのです．そして，if 文は条件式が True かどうかを確かめ，True のときだけブロック

68

内が実行される，という仕組みになっているのです．

大小比較だけではなく，もちろん，2つの数値が等しいかどうかを確かめることもできます．

```
12 * 12 == 144
```

結果
```
True
```

「等しい」を表す記号は `=` ではなく `==` であることに着目してください．すでに見たように，`=` は代入を表す記号でした．そのため，「等しい」を表す記号には代わりに `==` を使うのです．`=` と `==` とを書き違えてしまうミスは非常によくありますので注意しましょう．

逆に，「等しくない」は `!=` と書きます．

```
12 * 12 != 144
```

結果
```
False
```

そのほか，`<=`（以下）や `>=`（以上）などの記号を使うこともできます．例えば，温度を受け取って，30度以上なら「暑いですね」と表示するプログラムは，以下のように書くことができます．

```
temperature = 34
if temperature >= 30:
  print('暑いですね')
```

文字列についての条件式

さて，ここまでは数値についての条件式を見てきましたが，文字列に関しても同じように条件式をつくることができます．例えば `==` は同じ数値かどうか判定するだけでなく，同じ文字列かどうかも判定できます．

```
'lion' == 'lion'
```

結果
```
True
```

```
'lion' == 'tiger'
```

結果
```
False
```

このほか，数値データには使えない，文字列ならではの条件式がありま
す．ここでは in, startswith(), endswith() を紹介します．ある文
字列が他の文字列に含まれているかどうかを調べるには in を使います．次
の例では，word という変数に入っている単語に，'e' が含まれているかど
うかを調べています．ここでは word に入っている単語は mystery で，
'e' が含まれますので，結果は True になります．

```
word = 'mystery'
'e' in word
```

結果
```
True
```

逆に「含まれていない」かどうかを調べるには not in が使えます．

```
'i' not in word
```

結果
```
True
```

この in を使って，例えば文に「天気」という文字列が含まれているかど
うかを判定し，含まれている場合にはメッセージを表示するプログラムは，
以下のように書けることになります．

```
sentence = '今日はいい天気ですね！'
if '天気' in sentence:
  print('この文には「天気」が含まれています。')
```

結果
この文には「天気」が含まれています。

　含まれているかどうかの代わりに，例えば文が「今日」で始まっているか，「！」で終わっているかなどを調べたいときもありそうです．このときに役立つのが startswith() と endswith() という関数です．これらは，以下のように書きます．

```
文字列1.startswith(文字列2)  # 文字列1が文字列2で始まるかどうか
文字列1.endswith(文字列2)  # 文字列1が文字列2で終わるかどうか
```

　例えば，startswith() を使って，文が「今日」で始まるかどうかを調べてみましょう．

```
sentence = '今日はいい天気ですね！'
if sentence.startswith('今日'):
  print('この文は「今日」で始まります。')
```

結果
この文は「今日」で始まります。

　お気付きの方もいらっしゃると思いますが，これらの関数名は if 文がほとんど英語としても読めるように名付けられています．

「かつ」，「または」，否定
　複数の条件で絞り込みたいときはどうすればいいでしょうか．このようなときは and を使います．例えばある単語が un- で始まっていてかつ -able で終わっていることを調べるには，以下のようにすることができます．

```
word = 'unthinkable'
if word.startswith('un') and word.endswith('able'):
  print('この単語は un- で始まり -able で終わっています。')
```

結果

この単語は un- で始まり -able で終わっています。

　2つの条件のうちどちらか少なくとも一方が成り立っていることを調べたいときには，or を使います．例えば，ある単語が -ing で終わっているか，または -ed で終わっているという条件で分岐したい場合は，以下のように書けばいいことになります．

```
word = 'interesting'
if word.endswith('ing') or word.endswith('ed'):
  print('この単語は -ing か -ed で終わっています。')
```

結果

この単語は -ing か -ed で終わっています。

　not は，ある条件式の前につけることによって，True と False を逆転させる効果があります．次の例では，word.endswith('ed') は False です．したがって，not をつけると結果は True になります．

```
word = 'said'
not word.endswith('ed')
```

結果

True

　これとさきほどの and を組み合わせてみましょう．例えば，「ある単語がq- で始まっているが qu- では始まっていない」という条件で分岐するには，次のように書けることになります．

```
word = 'qatar'
if word.startswith('q') and not word.startswith('qu'):
  print('q- ですが qu- ではない単語です。')
```

> 結果
>
> q- ですが qu- ではない単語です。

「でなければ」: else と elif

さて，「条件に合った場合」に実行してほしいことを書くやり方はわかりましたが，「条件に合わなかった場合」の動作も指定したいことがよくあります．例えばある文に「天気」が含まれていたら「この文には「天気」が含まれています。」と表示し，含まれていなかったら「この文には「天気」は含まれていません。」と表示したいとします．このような場合に役立つのがelse です．else は if とセットで用い，「そうでない場合は」といった意味合いになります．書き方の骨組みは以下のようになります．

```
if 条件:
    条件が合ったときに実行してほしいこと
else:
    条件が合わなかったときに実行してほしいこと
```

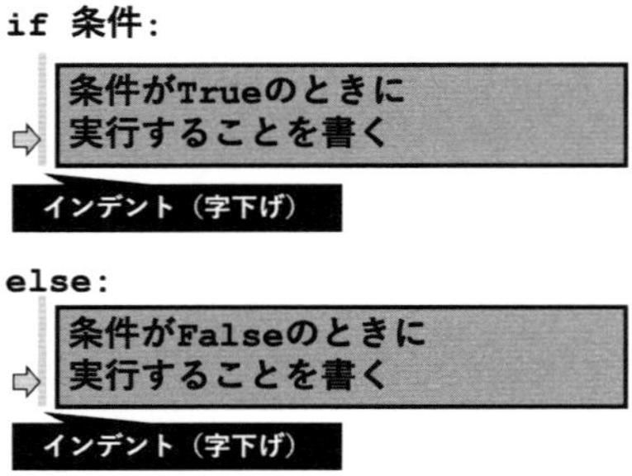

図 5.5. if と else

if 文と else 文のそれぞれの末尾に「:」が必要であること，また else のところでいったんインデントが元に戻り，その後再びインデントが始まる

ことにも注意してください（図 5.5）.

　この else を用いると，さきほどの例は以下のように書けることになります.

```
sentence = '今日はいい天気ですね！'
if '天気' in sentence:
  print('この文には「天気」が含まれています。')
else:
  print('この文には「天気」は含まれていません。')
```

結果
この文には「天気」が含まれています。

　一方，「〜ではなくて，〜の場合 …」のようにさらに別の条件を加えたいときは，else の代わりに elif を使います.

```
if 条件1:
    条件1が合ったときに実行してほしいこと
elif 条件2:
    条件1には合わないが,条件2に合ったときに実行してほしいこと
else:
    条件1にも条件2にも合わないときに実行してほしいこと
```

　else と異なり，elif はいくつ並べてもかまいません（条件 3，条件 4，… といくらでも条件を増やすことができます）．elif がいくつある場合でも，else は一番最後に来ます（else はなくてもかまいません）.

　例えば，温度が 30 度以上なら「暑いですね」，10 度以下なら「寒いですね」，それ以外の場合は「ちょうどいいですね」と表示するプログラムは以下のように書くことができます.

```
temperature = 20
if temperature >= 30:
  print('暑いですね')
elif temperature <= 10:
  print('寒いですね')
else:
  print('ちょうどいいですね')
```

結果

ちょうどいいですね

5.3. ファイルから検索しよう

　以上を踏まえると，すでに紹介したファイル表示プログラムをほんの少し修正するだけで，Python による「検索」を実現することができます.

　ファイル全体を表示するプログラムは以下のようなものでした.

```
with open('ichiakuno_suna.txt', encoding='s-jis') as file:
  for line in file:
    line = line.rstrip()
    print(line)
```

　このプログラムでは，無条件で必ず行の内容を表示するようになっています. これを修正して，例えば「砂」という文字がある場合のみ表示するようにしてみましょう. ある行（line という変数で表されています）に「砂」という文字が含まれているという条件は

```
'砂' in line
```

と書けます. そこで，プログラム全体は以下のようになります.

```python
with open('ichiakuno_suna.txt', encoding='s-jis') as file:
  for line in file:
    line = line.rstrip()
    if '砂' in line:
      print(line)
```

> **結果**
>
> 一握の砂
> 東海《とうかい》の小島《こじま》の磯《いそ》の白砂《しらすな》に
> 一握《いちあく》の砂を示《しめ》しし人を忘れず
> 砂山《すなやま》の
> 砂を指もて掘《ほ》りてありしに
> この砂山は
> 砂山の砂に腹這《はらば》ひ
> 砂山の裾《すそ》によこたはる流木《りうぼく》に
> いのちなき砂のかなしさよ
> なみだを吸《す》へる砂の玉
> 砂に書き
> はてもなく砂うちつづく
> 砂山のかの浜薔薇《はまなす》よ
> 底本の親本:「一握の砂」東雲堂書店

　無事に「砂」が含まれている行だけを表示することができました.

　行のどこかに「砂」が含まれているという条件のかわりに，最初の文字が「砂」である行のみ表示するというのも簡単です. 行の最初の文字が砂であるという条件は以下のように書けます.

```python
line.startswith('砂')
```

　そこで，プログラムの if 文を以下のように修正するだけです.

```
with open('ichiakuno_suna.txt', encoding='s-jis') as file:
  for line in file:
    line = line.rstrip()
    if line.startswith('砂'):
      print(line)
```

> **結果**
>
> 砂山《すなやま》の
>
> 砂を指もて掘《ほ》りてありしに
>
> 砂山の砂に腹這《はらば》ひ
>
> 砂山の裾《すそ》によこたはる流木《りうぼく》に
>
> 砂に書き
>
> 砂山のかの浜薔薇《はまなす》よ

5.4. Python で正規表現を使おう

　「正規表現」を使うとさまざまな高度な検索ができるようになることを 3 章で紹介しました．この正規表現を Python からも使うことができます．今度は，正規表現を使ってより複雑な条件での絞り込みにチャレンジしてみましょう．

　Python で正規表現を使うには，まず「正規表現の機能を使いますよ」という宣言をしておく必要があります．といっても，難しいことはありません．次の一行を書いておくだけです．re というのが正規表現（regular expression）のことです．

```
import re
```

　これさえ書いておけば，正規表現検索の関数である re.search() などをすぐに利用できるようになります．

正規表現にマッチしたかどうかで条件分岐する

　正規表現パターンにマッチしたかどうかで条件分岐したいときは，次のように re.search() 関数を if 文の条件式として使います．

```
if re.search(正規表現, 検索範囲文字列):
```

　例えば，「もし行が「春夏秋冬」の4文字のどれかで始まっていれば」という条件は，次のように表せます（正規表現の記号の意味を忘れてしまった方は，3章を復習しましょう）．

```
if re.search(r'^[春夏秋冬]', line):
```

　なお，上の例では正規表現を表す文字列の前に r という記号がついています．これは raw 文字列というもので，正規表現で使う特殊な記号が Python によって処理されてしまうのを抑制し，そのまま正規表現として解釈してもらうためのものです．上の例ではじつは r を省略しても動作は変わらないのですが，正規表現を使うときは常に r をつけておくものだと思っておけば，のちのち混乱しなくてすみます．

　この re.search() を使うと，「ファイル全体を調べて，「春夏秋冬」のどれかで始まる行だけを表示する」プログラムは，以下のように書けることになります．

```
import re

with open('ichiakuno_suna.txt', encoding='s-jis') as file:
  for line in file:
    line = line.rstrip()

    if re.search(r'^[春夏秋冬]', line):
      print(line)
```

>
> 秋雨《あきさめ》の夜《よ》にののしりしかな
> 秋の風吹く
> 秋の風
> 秋の夜の二時
> 夏休み果《は》ててそのまま
> 秋のかぜ吹く
> 秋に入《い》れるなり
> 秋の夜《よ》に焼く餅《もち》のにほひかな
> 春の夜《よ》を
> 秋《あき》来《く》といふに
> （後略）

正規表現による置換

　正規表現による検索ができたので，ここで正規表現による置換のやり方も見てみましょう．3.3 節で，青空文庫からダウンロードしたテキストファイルからふりがなを削除する例を紹介しました．ここでは，エディタを使うかわりに，Python でこの置換を行うことを考えてみましょう．正規表現による置換は，re.sub() という関数を用います．書き方は以下のようになります．

```
re.sub(正規表現,　置換後の文字列,　検索範囲文字列)
```

　ふりがなを削除するには，《.+?》という正規表現にマッチする箇所を空文字列に置き換えればよいのでした．また，ここでは置き換えた結果を再び同じ変数に代入することにします．そうすると，re.sub() は次のように使えばよいことになります．

```
line = re.sub(r'《.+?》', '', line)
```

プログラム全体は以下のようになります.

```python
import re

with open('ichiakuno_suna.txt', encoding='s-jis') as file:
  for line in file:
    line = line.rstrip()

    line = re.sub('《.+?》', '', line)

    print(line)
```

結果
（前略）
東海の小島の磯の白砂に
われ泣きぬれて
蟹とたはむる
頬につたふ
なみだのごはず
一握の砂を示しし人を忘れず
（後略）

元の文は「東海《とうかい》の小島《こじま》の磯《いそ》の …」のように
なっていましたので, うまくふりがなが削除できていることがわかりま
す.

5.5. まとめ

本章では Python でテキストファイルを読み込んで表示する方法, さらに
条件に合う行だけを表示するためにプログラムを条件分岐させる方法につい
て学びました.

5.6. 練習問題

1. 以下のプログラムにはそれぞれ間違いがあります．どこが間違っている
   でしょうか．

```
temperature = -5
if temperature < 10:
print('寒いですね！')
```

```
n = 100
if n = 100:
   print('数値はちょうど100です。')
```

2. ichiakuno_suna.txt を読み，文字数が 10 文字以上ある行だけを表示す
   るプログラムを作ってみましょう．

3. ichiakuno_suna.txt を読み，カタカナが使われている行だけを表示する
   プログラムを作ってみましょう．

第6章

繰り返し処理を学ぼう

コンピュータを利用するメリットは何といっても，人間と
違って単純作業を飽きずに繰り返してくれるということです．
同じ作業の繰り返しは，プログラムで「ループ」を書くことで
実現できます．本章では，ループの基本的な仕組みを説明した
あと，ループを条件次第で中断したり，スキップしたりする方
法を紹介します．ループを使いこなして，特定の番号の行だけ
を抜き出すなどの応用問題にも挑戦してみましょう．

6.1. ループの基本

この節ではまずループの基本的な仕組みについて学びましょう．第5章
で作成した，テキストファイルの中身を表示するプログラムで，すでに
for を用いたループが使われていました．使われていた for 文は次のよう
なものでした．

```
for line in file:
```

この for 文は「file の各行について，以下の処理を実行してください」
という意味になります．変数 line には各行の文字列が入るので，わかり
やすく line と名付けましたが，実際には名前は何でもかまいません．

より一般的には，for 文の書き方は以下のようになります．

```
for 一時的な変数 in 繰り返し可能な対象:
    一時的な変数を使った処理..
```

「繰り返し可能な対象」（Python の用語で言うと「イテラブル」です）のところに何を書くかによって，一時的な変数の中身が何になるかは自動的に決まります．対象がファイルであれば，一時的な変数の内容は自動的に各行の内容に相当する文字列になります．ファイル以外にも，繰り返す対象にできるものはいろいろあります．例えば，次のように文字列に対して for ループを作成することもできます．

```
word = 'たぬき'
for letter in word:
    print(letter)
```

```
結果
た
ぬ
き
```

この場合，自動的に各文字について繰り返すという意味になります．そのため，変数 word に入っている文字が 1 文字ずつ画面に表示されるという結果になります．また，次の章で詳しく紹介する「リスト」も繰り返しの対象になります．例えば，次の例ではまず動物のリストを作ったうえで，その各動物を順に表示するというプログラムです．

```
animal_list = ['犬', '猫', 'うさぎ']
for animal in animal_list:
    print(animal)
```

```
結果
犬
猫
うさぎ
```

　ループを用いた場合のプログラムの流れがどうなっているのか，図6.1を見ながらもう少し詳しく追ってみましょう．

```python
animal_list = ['犬', '猫', 'うさぎ']
```

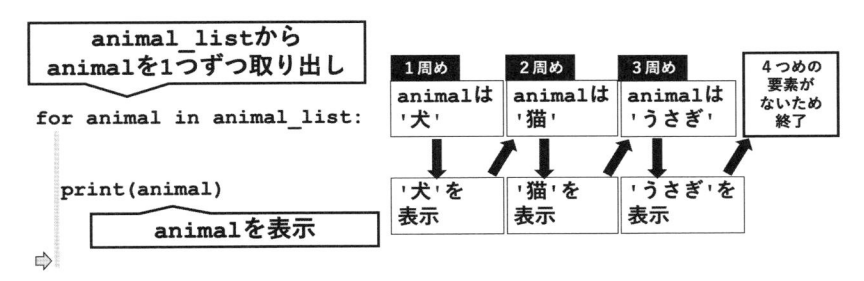

図6.1.　ループの仕組み

　上の例の場合，まず animal_list の1つめの要素である '犬' が，臨時の変数 animal に入ります．ループ内に print(animal) とありますので，変数 animal に入っている文字列 '犬' が画面に表示されます．インデントされたブロックはここで終わりですので，1周目のループはこれで無事完了です．

　ここでプログラムは for 文の位置に戻り，リストから2つめの要素を取り出します．つまり，文字列 '猫' が変数 animal に入ります．ループ内に書かれた print(animal) が再度実行され，画面に '猫' が表示されます．2周目のループはこれで完了です．

　プログラムはまた for 文の位置に戻り，リストから3つめの要素が取り出され，同様に画面に文字列 'うさぎ' が表示されます．

　プログラムはもう一度 for 文の位置に戻りますが，もうこれ以上リストの続きがありません．そこで，for ループの処理全体が終了となります．

　条件分岐のときは，ブロックの中は一度実行されれば終わりでしたが，for ループの場合は，ブロック内の処理が終わったらプログラムはもう一度 for 文のところに戻り，「もうこれ以上データがない」となるまでブロック内の処理が繰り返されるというところがポイントです．

6.2. ループの制御

　Python にはループをもう少し細かく制御するための命令がいくつか用意されています．例えば，条件によってループを 1 回飛ばしたり，あるいはループを中断したりといった動作をさせることができます．前者を実現するのが continue，後者を実現するのが break です．

必要のない回をスキップする：continue

　continue はループの中で用いる命令で，「その回はスキップして，すぐに次の回に行く」という意味になります．例えば，前節のプログラムと同じく，リストに入っている動物の名前を 1 つずつ表示しますが，'猫' が出てきたらスキップする（'猫' だけは表示しない）プログラムを考えてみましょう．

　これは前回のプログラムに「条件によって continue する」という内容を付け加えれば OK です．

```
animal_list = ['犬', '猫', 'うさぎ']
for animal in animal_list:

  if animal == '猫':
    continue

  print(animal)
```

結果
```
犬
うさぎ
```

　この場合の動作を図に表すと，図 6.2 のようになります．

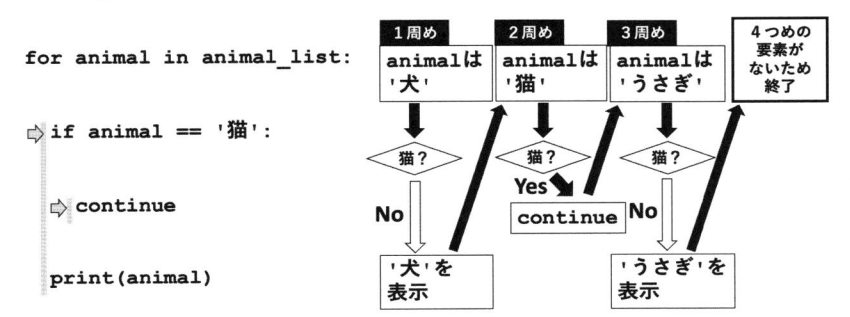

図 6.2.　continue によるスキップ

なお，これは実は，以下のように書いても同じ結果になります．

```
animal_list = ['犬', '猫', 'うさぎ']
for animal in animal_list:

  if animal != '猫':

    print(animal)
```

結果
犬
うさぎ

!= は == の逆で，「等しくない」という意味でした．そのため，プログラムは「animal が猫でないときだけ表示する」という意味になり，結果は同じになります．このように，continue を使ったプログラムは，continue を使わない形に言い換えることもできます．わかりやすいほうを使えばよいでしょう．

ループを中断する：break

break は continue とは異なり，ループを抜け出したいときに使います．

例えば，'猫' が出てきたらそこでループを終了する（つまり，リストで
'猫' よりも後ろの動物は表示しない）というプログラムを考えてみましょ
う．プログラムは以下のようになります．

```python
animal_list = ['犬', '猫', 'うさぎ']
for animal in animal_list:

  print(animal)

  if animal == '猫':
    break
```

結果
犬
猫

　この場合の動作も図で見てみましょう（図 6.3）.

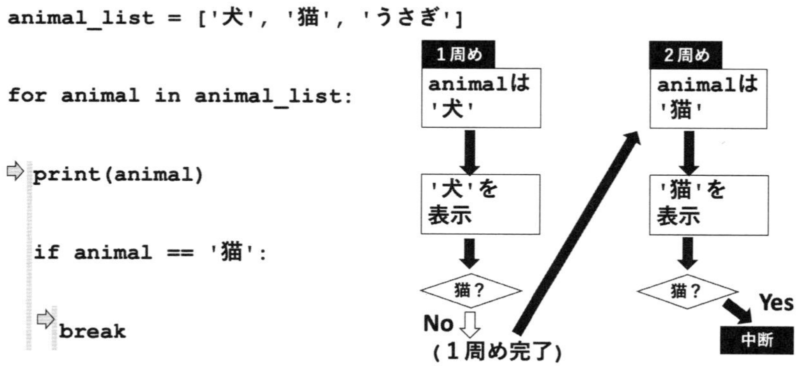

図 6.3. break を使って中断する

　この例では，条件分岐は print(animal) よりも後ろにあります．その
ため，ループは '猫' を表示してから中断することになります．'猫' が出
てきたら表示せず終了したいときは，条件分岐を print(animal) よりも
先にすればよいわけです．

6.3.　変数を使って状態を覚えよう：フラグ

　この節からはループの応用例をいくつか紹介します．ここでは特別新しい機能は出てきません．今までに出てきた仕組みを組み合わせることで，いろいろなことができるのです．プログラムの見た目が複雑になってきますが，ここで紹介するプログラムの内容を順に追って理解することができれば，プログラミングの基本が身についたと言えるのではないかと思います．ぜひ挑戦してみてください．

　まず，「フラグ」というテクニックを紹介します．これは，変数を使って現在の状態を覚えさせておくテクニックです．

　例えば，ファイルを読み，どこかの行に '猫' という文字があったら，その行を表示するとともに，'猫' という文字が出てきたことを覚えておき，最後に「結果：猫がいました！」と教えてくれるプログラムを考えてみましょう．

　このために，「猫がいたかどうか」を覚えておくための変数を用意します（これがフラグです）．ここでは cat_found という名前にしてみました．まず最初に，次のように cat_found に False を入れておきます．

```
cat_found = False
```

　False は Python で初めから意味が決まっている特別なキーワードでした．3 > 5のような正しくない式の「計算結果」が False です．この False を自分で書いて，cat_found に代入しておくのです．なぜ False なのかというと，プログラムが始まった時点では，まだ猫が見つかっていないからです．見つかり次第，これを True に変えればいいわけです．

　プログラム全体は以下のようになります．

```
cat_found = False

with open('ichiakuno_suna.txt', encoding='s-jis') as file:
  for line in file:

    if '猫' in line:
      line = line.rstrip()
      print(line)
      cat_found = True

if cat_found:
  print('結果:猫がいました！')
```

結果
長椅子《ながいす》の上に眠りたる猫ほの白《じろ》き
猫のまねなどして笑ふ
結果:猫がいました！

　ループの中に条件分岐があり，'猫' が見つかったときはその内容を表示するとともに，cat_found が True に変わるようになっています．

　ループがすべて終わったあとで，もう一度条件分岐があります．今度は，最終的に cat_found が True になったかどうかを確認して，True になっていた場合は「結果:猫がいました！」と表示するためです．if cat_found: という部分で，あれっと思われる方がいるかもしれません．これまでに見た if 文は例えば if temperature >= 30: のように条件式が書かれていたのに対して，ここでは変数名１つしか書かれていないからです．しかし，この書き方で問題ありません．if は，後ろに書いてある内容がTrue かどうかによって分岐するのでした．今，変数 cat_found には，ループの中で猫が見つかっていれば True，そうでなければ False が入っていますので，これで期待通り動作するのです．

6.4. 行番号を振ろう：変数で数を数える

前節では変数に True や False のような状態を覚えさせておくテクニックを見ました．今度は，変数で数を数えてみましょう．

ファイルに行番号を振ろう

ファイルの各行の先頭に行番号を追加したいとします．これは，「今何行目か」を覚えておくための変数を用意することによって実現できます．基本的な骨組みは，例えば以下のような形になります（i というのは index の略で，数を数える目的でよく使われる変数名ですが，実際には名前は何でもかまいません）．

```
i = 0
for line in file:
  i += 1
  変数 i を利用した処理..
```

まず始めに i の値を 0 に設定しています．

次に，ループの中で，毎回 i += 1という操作が実行されるようになっています．この i += 1というのは i = i + 1 と同じ意味で，「i を 1 増やす」という操作を表しています（記号 += については 4.3 節で紹介しました）．この「i を 1 増やす」という操作がループを 1 周するごとに 1 回実行されるわけですから，ファイルの 5 行目を処理しているときは i の値は 5 に，23 行目を処理しているときは i の値は 23 になるということになります．つまり，変数 i によって行番号を表すことができているということになります．

行の先頭に行番号を付けるには，この i と line （今までどおり行の内容が入っています）を両方 print() すればいいということになります．複数の変数の中身をまとめて出力したいときは，単に print() 文のカッコ内に列挙すれば大丈夫です．デフォルトでは，それぞれの中身がスペースで区切られて表示されます．例えば，最初の行では i は 1, line は「一握の砂」

ですので，1 **一握の砂** という文字列が表示されることになります．以下を実行してみましょう．

```
i = 0
with open('ichiakuno_suna.txt', encoding='s-jis') as file:
  for line in file:
    i += 1

    line = line.rstrip()
    print(i, line)
```

> 結果
> 1 一握の砂
> 2 石川啄木
> 3
> （後略）

　行番号が無事表示されたでしょうか．

特定の行番号の行だけ表示しよう

　例えば，「その情報は，ファイルの 237 行目にあります」と言われたので，ファイルの 237 行目の内容だけを確認したいという場面を考えてみましょう．これは，先ほどのプログラムを少し変えるだけで実現できます．先ほどのプログラムでは全ての行を表示していましたが，i が 237 のときだけ表示するよう，条件分岐すればいいのです．プログラムは以下のようになります．

```
i = 0
with open('ichiakuno_suna.txt', encoding='s-jis') as file:
  for line in file:
    i += 1

    if i == 237:
      line = line.rstrip()
      print(i, line)
```

`結果`

```
237  へつらひを聞けば
```

　なお，ここでは詳しく説明しませんが，Python でループの何周目かを数えるには enumerate() という便利な関数を使うこともできます.

該当行がいくつあるかを数えよう

　今度は，ある文字列で検索し，その文字列が出てきた行がいくつあるか数えるプログラムを考えてみましょう．例えば，「鳥」を含む行が『一握の砂』には何回出てくるでしょうか.

　今度は全体の行数を数えるのではなく，条件に合う行だけを数えるという問題です．つまり，条件分岐を使って「鳥」が出てきたときだけ i += 1 を実行すればいいわけです．数えた結果は，4.4 節で学んだ f 文字列を用いて表示しています.

```
i = 0

with open('ichiakuno_suna.txt', encoding='s-jis') as file:
  for line in file:
    if '鳥' in line:
      i += 1

f'「鳥」を含む行は{i}行見つかりました。'
```

> 結果
>
> 「鳥」を含む行は9行見つかりました。

『一握の砂』には「鳥」を含む行が9行あることがわかりました．具体的にどのような文脈で「鳥」が出てきたのか気になる方は，`print(line)` などを適切なところに追加し，内容を表示してみましょう．

ちなみにここで調べているのは，「「鳥」を含む行が何回出てきたか」であって，「「鳥」が何回出てきたか」ではありません．なぜなら，行ごとに調べているので，同じ行のなかで「鳥」が複数回出てきたとしても1回としかカウントされないからです．

6.5. まとめ

この節ではループの基本的な仕組みに加えて，条件によってスキップしたりループから抜け出したりする方法について学びました．さらに，プログラムに行番号を振るなどの応用例を紹介しました．プログラミングが面白いのは，このように少し手を加えるだけでさまざまな新しいことが実現できることです．

6.6. 練習問題

1. 次のプログラムで，行 A，B，C はそれぞれ何回実行されますか？

```
animal_list = ['犬', '猫', 'うさぎ']
for animal in animal_list:
  print('行Aが実行されました')    # 行A

  if animal == 'うさぎ':
    break

  print('行Bが実行されました')    # 行B
print('行Cが実行されました')    # 行C
```

実際に実行してみることで正解を確かめることができます.

2. 『一握の砂』の 4 行目から 16 行目までは青空文庫版の作成者による説明のようです. そこで,『一握の砂』を画面に表示する際に, 4 行目から 16 行目については表示せずにスキップするプログラムを書いてみましょう.

3. 『一握の砂』から「うさぎ」を検索し, 見つかった場合はその行を表示するとともに, 見つかった件数を「〜件見つかりました」のように表示してみましょう. ただし, 1 つも見つからなかった場合は「0 件見つかりました」ではなく「見つかりませんでした」と表示するようにしましょう.

第7章

単語リストを作ろう：リスト

プログラミングでは，例えば，コーパスに出てきた単語など
をまとめて覚えておいてほしいという場面が出てきます．この
ようなときは「リスト」という機能を使うと便利です．リスト
を使うと，複数のデータをまとめたものに1つの名前を付け，
まとめて管理することができます．本章では，このリストの基
本的な使い方について説明します．応用例として，コーパスに
出てきた単語を一覧表にする方法を紹介します．

7.1. リストを作ろう

例えば Python で4つの文字列を覚えておきたいときはどうすればいいで
しょうか．次のように書けば，一応，4つの文字列を Python に覚えさせて
おくことは可能です．

```
word1 = 'SPRING'
word2 = 'SUMMER'
word3 = 'FALL'
word4 = 'WINTER'
```

しかし，このやり方では，これら4つの変数は単に名前が似ているだけ
で，Python にとっては無関係な別々の変数です．そのため，「これらの単語
の全てについて，同じ操作を適用してください」というような指定ができま

せん．例えば，上の文字列はどれも大文字なので，これを小文字に直したい
とします．文字列を小文字に直すには，`lower()` という関数が使えます．

```
word1.lower()
```

結果
```
spring
```

この `lower()` を使って word1 から word4 までをすべて小文字に直し
たいときは，基本的には，また変数の名前をすべて並べるしかありません．

```
word1 = word1.lower()
word2 = word2.lower()
word3 = word3.lower()
word4 = word4.lower()
```

単語が4つだけならまだこの方法も可能ですが，実際のテキスト処理で
は，数千語，数万語を扱いたいという場面がすぐに出てきます．また，実行
してみるまで，単語がいくつ出てくるのかわからないこともあります．この
ようなとき，変数の名前を単語の数だけひたすら書き並べるわけにはいきま
せん．

このようなときに Python では，複数のデータをひとまとめにして扱うた
めの「リスト」という機能を使うことができます．

Python でリストを直接作るには，各要素をカンマで区切って並べ，全体
を `[]` で囲います．

```
['SPRING', 'SUMMER', 'FALL', 'WINTER']
```

この例では各要素が文字列ですので，それぞれに引用符 `''` を付ける必要
があります．

数値や文字列の場合と同じように，このリストを変数に代入できます．例
えば，次のように入力してみましょう．

```
seasons = ['SPRING', 'SUMMER', 'FALL', 'WINTER']
```

これで，4つの文字列からなるリストに seasons という名前をつけることができました．今回も変数の名前の付け方は自由ですが，中身が何なのかわかりやすい名前をつけると良いでしょう．

リストの要素は，次のように数値であってもかまいません．

```
dai_no_tsuki = [1, 3, 5, 7, 8, 10, 12]
```

['dog', 33] のように，数値と文字列など異なる種類のデータが混じったリストを作っても問題ありません．また，リストには [1, 1, 2, 3, 5] のように同一の要素が複数回現れてもかまいません．

数値や文字列で足し算ができたのと同じように，リストも足し算をすることができます．リストの足し算の動作は文字列のときに似ていて，リストを「連結」する働きがあります．

```
vowels = ['a', 'e', 'i', 'o', 'u']
consonants = ['p', 't', 'k']
phonemes = vowels + consonants
phonemes
```

結果
```
['a', 'e', 'i', 'o', 'u', 'p', 't', 'k']
```

リストのインデクシングとスライシング

リストに含まれる個々の要素を取り出すにはどうすればいいでしょうか．これもやり方は文字列のときとよく似ています（文字列から一部を取り出す方法については 4.4 節で説明しました）．リストを表す変数名のあとに，何番目の要素かを表す数字を [] で囲って書くことで，リストの要素を取り出すことができます．

```
seasons = ['SPRING', 'SUMMER', 'FALL', 'WINTER']
seasons[0]
```

結果
```
'SPRING'
```

```
seasons[1]
```

結果
```
'SUMMER'
```

文字列のときと同様，番号は 0 から始まります．つまり，リストの最初の要素を取り出したいときは [0]，2番目の要素を取り出したいときは [1] というように指定するということです．また，[-1] のようなマイナスの番号を使うこともできます．文字列の場合と同様，[-1] はリストの最後の要素を表します．

```
seasons[-1]
```

結果
```
'WINTER'
```

さらに，コロン（:）を使って範囲指定をするスライシングのやり方も，文字列のときと同じです．例えば [:2] と指定すると，リストの最初から 2 番目の要素まで，という意味になります．

```
seasons[:2]
```

結果
```
['SPRING', 'SUMMER']
```

インデクシングとスライシングの結果の違いに注意してください．インデクシングは，リストの中から要素を 1 つ取り出す操作ですが，スライシン

グは，リストの一部を再びリストとして取り出す操作です．例えば，次の2つの操作は違う結果になります．

```
seasons[0]
```

結果

```
'SPRING'
```

```
seasons[0:1]
```

結果

```
['SPRING']
```

[0] はインデクシングですので，リストの要素である 'SPRING' という文字列が取り出されます．それに対して，[0:1] という範囲指定をするとスライシングになりますので，結果は ['SPRING'] という，含まれる要素が1つだけのリストになります．ややこしいですが，プログラミングではこういった区別が厳密で，融通がききませんので注意が必要です（文字列操作のときはこのようなインデクシングとスライシングの違いはありませんでした）．

リストにある要素が含まれるかどうかを調べたい場合も，文字列のときと同じように in を使うことができます．

```
'SPRING' in seasons
```

結果

```
True
```

```
'AUTUMN' in seasons
```

結果

```
False
```

　また，リストに要素がいくつ含まれているかを調べるには，やはり文字列のときと同様，`len()` を使います.

```
len(seasons)
```

結果
```
4
```

リストへの追加

　リストに新しい要素を追加したいときは，`append()` という関数を使います. 書き方は以下のようになります.

リスト.append(追加したい要素)

　例えば，seasons に新しい要素として「梅雨」を付け加えてみましょう.

```
seasons.append('梅雨')
seasons
```

結果
```
['SPRING', 'SUMMER', 'FALL', 'WINTER', '梅雨']
```

　これまで出てきた関数と違って，`append()` は実行対象となったリスト自体を書き換えるという性質があります. この点は少しわかりにくいと思いますので，もう少し詳しく見てみましょう. 文字列を小文字に変換する関数 `lower()` と比較してみましょう.

```
word = 'SKY'
word.lower()
```

結果
```
sky
```

```
word
```

結果
```
SKY
```

　lower() は，word という変数に入っている文字列を小文字にした結果
を返しますが，word という変数の中身自体は書き換えられていません．上
の例からわかるように，word の中身は大文字のままであることがわかりま
す．word という変数の中身を書き換えたいときは，次のように word 自身
に結果を代入する必要があります．

```
word = word.lower()
word
```

結果
```
sky
```

　これに対して append() は，関数を実行しただけでリストの中身が変化
するという性質があります．以下の例では，append() を実行したことで，
numbers の中身が書き換えられています．

```
numbers = [1, 1, 2, 3]
numbers.append(5)

numbers
```

結果
```
[1, 1, 2, 3, 5]
```

　逆に lower() とは異なり，append() は結果を何も返しません（そのた
め，append() を Google Colab で実行しても画面には何も表示されません）．
　こういった関数ごとの動作の違いは，基本的には単なる決まりごととして
覚えるしかありません．ただし，数値や文字列に関しては，実行しただけで

対象が変化する関数はありません．これを Python の用語でいうと，数値や文字列は**不変**（イミュータブル）であるといいます．リストなどの複雑なデータになってくると，実行することで対象が変化するタイプの関数が登場してきます．[9]

append() に似た関数として，extend() も紹介しておきましょう．append() でリストに追加するのは，要素 1 つだけでした．それに対してextend() は，リストにリストを付け加えることで，リストを「引き延ばす」効果があります．

```
numbers = [1, 1, 2, 3]
more_numbers = [5, 8, 13]
numbers.extend(more_numbers)
numbers
```

結果
```
[1, 1, 2, 3, 5, 8, 13]
```

この append() と extend() の違いは少しまぎらわしいので注意しましょう．

リストの並べ替え

リストに対してよく行う操作として「並べ替え」があります．リストの並べ替えは sort() という関数で行います．sort() の書き方は以下のとおりです．

リスト.sort()

sort() を数値のリストに適用すると，数値を小さい順に並べ替えてくれます．

---

[9] リストによく似ているがイミュータブルなデータ型として「タプル」というものもあります．

```
numbers = [8, 4, 16, 1, 2]
numbers.sort()
numbers
```

```
[1, 2, 4, 8, 16]
```

さきほどの append() と同様に，リストの内容が書き換わることに注意してください．

逆に大きい順に並べ替えたいときは，オプションで reverse=True と指定します．

```
numbers = [8, 4, 16, 1, 2]
numbers.sort(reverse=True)
numbers
```

結果
```
[16, 8, 4, 2, 1]
```

sort() を文字列のリストに適用すると，文字列をアルファベット順（正確には文字コード順）に並べ替えてくれます．

```
animals = ['dog', 'cat', 'rabbit']
animals.sort()
animals
```

結果
```
['cat', 'dog', 'rabbit']
```

日本語もこの方法で並べ替えることができます．

```
seasons = ['はる', 'なつ', 'あき', 'ふゆ']
seasons.sort()
seasons
```

結果

```
['あき', 'なつ', 'はる', 'ふゆ']
```

　漢字も並べ替えられますが，その実行結果はあまり直感的ではないかもしれません．

```
seasons = ['春', '夏', '秋', '冬']
seasons.sort()
seasons
```

結果

```
['冬', '夏', '春', '秋']
```

　漢字もきちんと文字コード上で並んでいる順番に並べ替えられているのですが，文字コード上で漢字がどのように並んでいるのか暗記している人はあまりいないので，結果がこれで正しいのか見てもわからないと思います．漢字を読みがなに応じて並べ替えることができれば便利そうですが，ちょっと難しいのでここでは扱わないことにします．

7.2. ループとリスト

　リストは，前の章で見たループと組み合わせて使う場面がよくあります．前の節で作ったリストに含まれる4つの文字列をすべて小文字に直すことを考えてみましょう．

```
seasons = ['SPRING', 'SUMMER', 'FALL', 'WINTER']
```

　文字列を小文字に変換する関数は lower() でした．

```
word1 = 'SPRING'
word1.lower()
```

104

結果

```
spring
```

　この lower() を使って，seasons というリストに含まれる文字列をすべて小文字に直すには，どうすればいいでしょうか．次のように書けるでしょうか？

```
seasons.lower()
```

　これはエラーになってしまいます．

　エラーの原因は，lower() は文字列に対して定義されている関数で，リストに対しては定義されていないためです．リスト全体ではなく，リストの要素である文字列 1 つずつに lower() という同じ操作を適用しなければいけません．

　このような繰り返しは，前の章で見た for ループで実現することができます．ここでは，seasons_in_lowercase という新しいリストを作って，そこに小文字に直した文字列を append() で順に入れていきましょう．

```
seasons_in_lowercase = []
for season in seasons:
  seasons_in_lowercase.append(season.lower())

seasons_in_lowercase
```

結果

```
['spring', 'summer', 'fall', 'winter']
```

　前章でも見たように，for season in seasons: で，「リストから要素をひとつひとつ取り出し，仮に season と名付けて，その season について以下を実行してください」といった意味を表すことができます．その season を lower() で小文字に変換したうえで，新しいリストである season_in_lowercase に追加します．ループを最後まで繰り返すと，各

要素がすべて小文字に直った新しいリストができあがります.

　1 行目の `seasons_in_lowercase = []` は，要素が 1 個もないリストを作成するということです. この行はなぜ必要なのでしょうか. `append()` はリストに要素を追加する操作です. したがって，リストをまだ作っていないのに `append()` しようとするとエラーになってしまいます. まず空っぽのリストを用意し，それに要素を追加していく必要があるのです（6.4 節でファイルの行数を数えたときに，初めに `i = 0` のように初期値を設定する必要があったのに似ています）.

　なお，このような場面では「リスト内包表記」という機能を使うと，もっと簡潔に書くことができます. 上と同じ，リストの全ての要素を小文字に置き換える操作を，リスト内包表記を使って書くと以下のようになります. for ループを用いてリストを作成するという内容を 1 行に詰め込んで書くことができると考えればよいでしょう.

```
seasons_in_lowercase = [season.lower() for season in
seasons]
seasons_in_lowercase
```

結果
```
['spring', 'summer', 'fall', 'winter']
```

　`[season.lower() for season in seasons]` は，「seasons の中のそれぞれの season について season.lower() を実行した結果のリスト」のように読むことができます. 慣れるとこちらのほうが簡潔で便利かもしれません. リスト内包表記については本書ではこれ以上扱いませんが，Python らしい書き方とされていますので，もっと詳しく知りたい方はぜひ調べてみてください.

7.3. コーパスから単語のリストを作ろう

文を単語に区切る

前節まででリストの基本を学びましたので，コーパスから単語のリストを作ってみましょう．これまでの章で，コーパスの各行全体を文字列として表示することはもうできていました．これを単語のリストに直すには，文字列を単語ごとに区切る必要があります．

英語などではふつう単語がスペースなどによって最初から分けられているため，Python の基本的な関数だけでも単語のリストへの変換ができます．例えば，split() という関数を使うと，図 7.1 のように，文字列をリストに変換することができます（split() はデフォルトではスペースなどの空白文字によって文字列を区切り，リストに変換してくれます）．

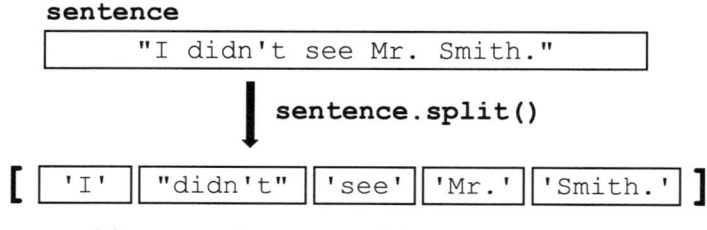

図 7.1. split() による文字列からリストへの変換

```
sentence = "I didn't see Mr. Smith."
sentence.split()
```

結果
```
['I', "didn't", 'see', 'Mr.', 'Smith.']
```

なお，この例では文字列中に ' という記号が含まれるため，文字列を囲うときに '' を使うことができません．代わりに "" を使用しています．

ここで，split() の反対の操作をする関数である join() も紹介しておきましょう．join() は **区切りに使う文字列**.(リスト) のように書き，リ

ストの要素をつなぎ合わせて全体で 1 つの文字列にするときに使います．
例えば，words に入っている単語をスペースでつないで 1 つの文にしてほ
しいときは以下のように書きます．' ' でスペースを引用していることに
気をつけてください．

```
words = ['I', "didn't", 'see', 'Mr.', 'Smith.']
' '.join(words)
```

結果
```
"I didn't see Mr. Smith."
```

　さて，上で紹介した split() でも最低限の単語分割はできますが，結果
は必ずしも言語研究の狙いどおりにはなりません．例えば，didn't は did
＋ not ですから，1 語ではなく 2 語として扱いたいかもしれません．また，
文末を表すピリオドは最後の単語である Smith にくっついたままになって
いますが，ピリオドは単語の一部ではありませんので，取り除いてほしいと
ころです．それに対して，Mr. のピリオドは省略を表す記号であり，単語の
一部と考えられるので，こちらは取り除かないほうがよいかもしれません．
　自然言語処理専門のライブラリを使うと，もう少し高度な分割も可能で
す．次の例は，NLTK という自然言語処理の有名なライブラリを使って文
を単語に区切る例です．正規表現の機能を使うときに import re とした
のと同じように，NLTK は import nltk とするだけで使えるようになり
ます（2 行目の nltk.download('punkt') では分割のための辞書をダウ
ンロードしています．少し時間がかかることがあります）．

```
import nltk
nltk.download('punkt')

sentence = "I didn't see Mr. Smith."
nltk.tokenize.word_tokenize(sentence)
```

108

結果

```
['I', 'did', "n't", 'see', 'Mr.', 'Smith', '.']
```

　今度は did と n't が別の単語として分離されていること，また，Mr. のピリオドは単語の一部として扱われる一方，Smith. のピリオドは切り離されているなど，高度な処理がなされていることがわかります．

　日本語の場合はスペースで単語が区切られていませんので，split() のような単純な関数で単語のリストに変換することはできません．3.4 節でも見たように，日本語の文を単語に区切るには，形態素解析に頼らなければいけません．幸い，Google Colab では形態素解析を呼び出すことも難しくありません．まず，次を実行してみましょう．

```
! pip install mecab-python3 unidic-lite
```

　上のコードは実は Python のプログラムではなく，Google Colab の特殊な機能を使って必要な機能をインストールするためのものです．少し実行に時間がかかります（なお，今後形態素解析を使う場合は，このコマンドで機能をインストール済みであることを想定しています．Google Colab は一定時間経つとセッションが切断され，プログラムを実行した結果の状態を忘れてしまいますので，その場合は再度インストールのコマンドを実施する必要があります）．インストールができたら，次に以下を実行します．

```
import MeCab
wakati = MeCab.Tagger('-Owakati')

sentence = '寒くなりましたね'
wakati.parse(sentence).split()
```

結果

```
['寒く', 'なり', 'まし', 'た', 'ね']
```

　うまく日本語の文が単語のリストに変換できました．ここでは，MeCab

という形態素解析ツールと，UniDic という辞書を使っています．3 章で紹介した「Web 茶まめ」で使われているものと同じです（バージョンの違いがあるため，完全に結果が一致するとは限りません）．

　上のプログラムについて少し解説を加えておきます．1 行目の import MeCab で，形態素解析の MeCab を使うことを宣言しています．次の wakati = MeCab.Tagger('-Owakati') の部分で，具体的に今使いたい解析器を設定して，それを wakati という変数に代入しています．実際の解析はそのあとで wakati.parse() を用いるという 2 ステップになっています．'-Owakati' というのが分かち書きだけを行うためのオプションで，これを省略すると，品詞や活用形などの情報も出力されるようになります．

コーパス全体を単語に区切る

　さて，ここまでの内容を踏まえて，コーパス全体の単語リストを作るプログラムを書いてみましょう．ここでは『一握の砂』の代わりに，第 2 章・第 3 章で使った『坊っちゃん』を使います．[10] bocchan.txt を Google Colab にアップロードし，以下を実行してみましょう．

```
import re
import MeCab
wakati = MeCab.Tagger('-Owakati')

word_list = []

with open('bocchan.txt', encoding='s-jis') as file:
  for line in file:
    line = line.rstrip()
```

[10] ここで『一握の砂』を使わないのは，『一握の砂』は文語的で，現代語向けの形態素解析辞書を使うとうまくいかない場合が多いためです（なお，国語研からは歴史的資料のための形態素解析辞書も公開されていますので，本格的に研究を行いたい場合は，それらの辞書を利用することも可能です）．

```
    line = re.sub(r'《.+?》', '', line)  # ふりがなの削除

    words = wakati.parse(line).split()
    word_list.extend(words)

word_list
```

結果
```
['坊っ',
 'ちゃん',
 '夏目',
 '漱石',
 '-',
(後略)
```

　最初の行で word_list = [] としています．これは，まずからっぽの
リストを作っておく操作です．ここに新しく見つかった単語を追加していけ
ばよいのです．

　ここでは，いったん先ほどのやり方に従って，各行の単語リストを
words という変数に代入しています．コーパス全体の単語リストを作るに
は，この各行の単語リストを，全体の単語リストに順につなげていけばよい
ことになります．リストにリストをつなげるには，extend() を使います
（よく似た関数に append() がありましたが，これはリストに要素を 1 つ
だけ追加する関数でした．間違いやすいので注意しましょう）．

　なお，今回のプログラムでは 5.4 節で紹介した方法を使ってふりがなを削
除しています．ふりがなが挟まったままだと形態素解析に悪影響が大きいた
めです．なお，テキストには他にも青空文庫版の作成者による注などが入っ
ています．ここでは煩雑になるのを避けるため省略していますが，実際に分
析をするときはそれらを除く処理も追加したほうがよいでしょう．

　すべての行を読み終われば，最終的に word_list にコーパス全体の単
語リストができあがることになります．次は，この word_list にどのよ

うな単語が多いかなどを調べてみたいのではないでしょうか．次章で，この
タスクに取り組みます．

7.4. まとめ

　本章では，Python の「リスト」の扱い方，また文を単語のリストに変換
する方法について学びました．

7.5. 練習問題

1. リストを次のように定義しました．

```
days = ['日', '月', '火', '水', '木', '金', '土']
```

次を実行するとそれぞれ何が表示されるでしょうか？

```
days[1]
days[-1]
days[:5]
```

2. 以下のように a と b という 2 つのリストを用意し，以下のように append() を適用しました．a はどんなリストになるでしょうか？　予想してみて，予想が正しいかどうか確認してください．

```
a = [1, 2]
b = [3, 4]
a.append(b)
a
```

3. 『坊っちゃん』に出てきた単語を文字コード順に並べ替えてみましょう．

4. 『坊っちゃん』に出てくる単語のリストを作るときに，句読点などの記号をリストから除外するにはどうすればいいでしょうか？

第8章

頻度表を作ろう：ディクショナリ

　2種類のデータの対応関係を覚えさせておくにはどうすれば
よいでしょうか．例えば，コーパス調査では，単語ごとにその
頻度を記録したい，というような場面があります．このような
場面で役立つのが「ディクショナリ」と呼ばれる機能です（日
本語に訳して「辞書」と呼ぶこともありますが，いわゆる辞書
の話とまぎらわしいので，本書では「ディクショナリ」で統一
します）．この章では，この「ディクショナリ」の基本を学び，
実際にコーパスから頻度表を作ってみましょう．

8.1.　ディクショナリを作ろう

　第7章では「リスト」について解説しました．リストでは，その各要素は
一列に並んでいて，特定の要素にアクセスするには番号（インデクス）を使
いました．ディクショナリは，番号の代わりに文字列などいろいろなものを
特定の要素にアクセスするための「キー」として用いることができる，と考
えることができます（図8.1）．

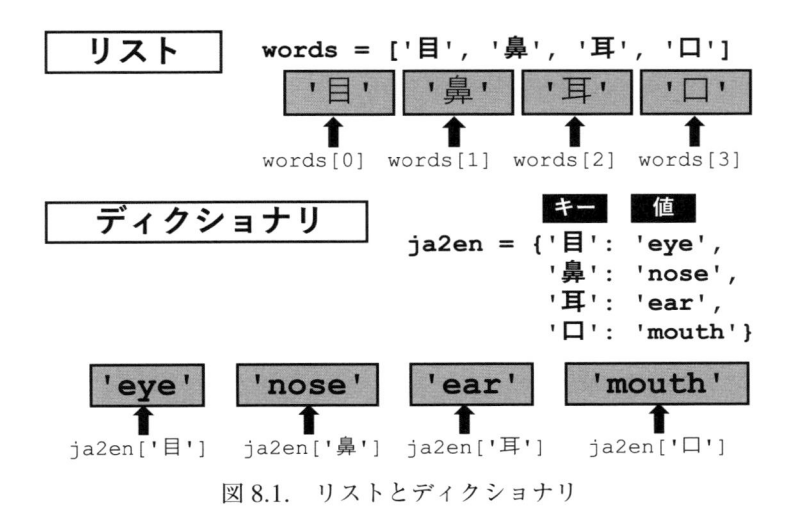

図 8.1.　リストとディクショナリ

　ディクショナリにはさまざまな用途があります．図のように，本物の辞書のように単語と単語を対応させるために使うこともできます．片方がディクショナリを「引く」ための**キー**，もう片方が**値**になります．値は同じものが複数あってもかまいませんが，キーは重複してはいけません．

　では，ディクショナリの具体的な使い方を見ていきましょう．リストは [] で囲って定義しましたが，ディクショナリは {} で囲って定義します．また，リストの定義では単に個々の値を並べればよかったのですが，ディクショナリの定義では「キー」と「値」の組み合わせを指定する必要があります．

　ディクショナリを定義するときは，次のようにキーと値を ：（コロン）で区切ります．項目のあいだを ，（カンマ）で区切るのはリストのときと同じです．

```
ja2en = {'目': 'eye', '鼻': 'nose', '耳': 'ear', '口':
'mouth'}
```

　ja2en というのは，日本語を英語に対応付けているので，Japanese to English というつもりで名付けたものです．これもここで決めた変数名です

ので，実際には自由に名前を決めてかまいません．

　次のように，見やすいように途中で改行してもかまいません．

```
ja2en = {'目': 'eye',
         '鼻': 'nose',
         '耳': 'ear',
         '口': 'mouth'}
```

　Python では，ディクショナリを作るときにかぎらず，カッコの中を書いている途中で改行した場合は，文がまだ終わっていないとみなして，複数行で 1 つの内容だと判断してくれます．また，その場合，2 行目以降は見やすさを考えて好きなだけインデントをあけることができます．

　この例の場合，それぞれのキーや値は文字列なので，引用符 '' を忘れてはいけません．

　ここで作った辞書を「引く」には，リストの「インデクシング」とほぼ同じ文法を使います．ディクショナリの名前のあとに，キーを角カッコに入れて入力すると，対応する値を返してくれます．このとき使う記号はリストと同じく [] であり，定義のときに使った {} ではありません．

```
ja2en['目']
```

結果
```
'eye'
```

　辞書にないキーを指定すると，エラーになってしまいます．

```
ja2en['手']
```

結果
```
KeyError: '手'
```

　エラーを防ぐには，ディクショナリにそのキーがあるかどうか，先に調べておく必要があります．キーがあるかどうかを調べるには，文字列やリスト

のときにも使用した in を用います.

```
'耳' in ja2en
```

結果
```
True
```

```
'手' in ja2en
```

結果
```
False
```

　この in を使って, キーがあるときだけ辞書を引くには, 以下のようにすればよいことになります.

```
if '手' in ja2en:
  print(ja2en['手'])
```

　ディクショナリに項目を追加, ないし変更したいときは, 次のようにするだけです.

```
ja2en['手'] = 'hand'
```

　この場合,「手」というキーはありませんでしたので, ディクショナリには新しい項目が追加されたことになります. 以下のように入力して, うまく値が表示されたら成功です.

```
ja2en['手']
```

結果
```
'hand'
```

ディクショナリの項目を 1 つ 1 つ処理する

　リストのときと同様，ディクショナリの各項目に同じ操作をくりかえし適用したいときは，for ループが有用です．例えば，ja2en というディクショナリに入っている単語 1 つ 1 つについて処理を繰り返したいときは，次のように書きます（ここでも ja_word は仮につけた名前で，これまでと同様，実際にはなんでもかまいません）．

```
for ja_word in ja2en:
```

　このとき，ja_word はディクショナリ ja2en に含まれるキー 1 つ 1 つになります（値は取り出されません）．したがって，ディクショナリに含まれるキーを 1 つずつ表示するプログラムは，以下のように書けることになります．

```
ja2en = {'目': 'eye',
         '鼻': 'nose',
         '耳': 'ear',
         '口': 'mouth'}
for ja_word in ja2en:
  print(ja_word)
```

結果
```
目
鼻
耳
口
```

　また，値を 1 個ずつ表示するには，ja_word を用いてディクショナリをその都度引けばよいわけですから，以下のようにすればうまくいきます．

```
for ja_word in ja2en:
  print(ja2en[ja_word])
```

```
結果
eye

nose

ear

mouth
```

　このほか，ディクショナリを用いたループを書くときは，items() という関数を用いてキーと値を同時に引き出したり，values() という関数で値だけを引き出したりする方法もあります．

8.2.　頻度表を作ろう

　テキスト処理では，ディクショナリは「頻度表」を作りたいときに役立ちます．さきほどの和英辞典の例ではキーも値も文字列でしたが，頻度表の場合は，値を文字列にする代わりに，頻度を表す数値にすればよいのです（図 8.2）．

図 8.2.　ディクショナリで頻度表を作る

　それでは，コーパスを読み込んで，出てきた単語を調べ，ディクショナリを利用して頻度表を作る方法を考えてみましょう．コーパスに出てきた単語をリストにする方法は，前の章ですでに学びました．プログラムを再度掲載してみます．

```
! pip install mecab-python3 unidic-lite
```

```
import re
import MeCab
wakati = MeCab.Tagger('-Owakati')

word_list = []

with open('bocchan.txt', encoding='s-jis') as file:
  for line in file:
    line = line.rstrip()

    line = re.sub(r'《.+?》', '', line)  # ふりがなの削除

    words = wakati.parse(line).split()
    word_list.extend(words)
```

　これでコーパスの単語のリスト word_list がすでにできあがっていますから，次はこの word_list にどの単語が何回出現するかを調べ，ディクショナリにすればよいわけです．さて，リストを頻度のディクショナリに変換するにはどうすればよいでしょうか．

　まずからっぽのディクショナリを用意したうえで，word_list の単語を順番に見ていき，単語が出現するたびに，その単語の頻度を +1 する，ということを繰り返せばよさそうです．

```
freq_dict = {}

for word in word_list:
  freq_dict[word] += 1
```

　しかし，これだと，word が初めて出現した単語だった場合に「キーが見つからない」というエラーになってしまいます．そこで，キーがあるかどうかで条件分岐して，キーがない場合はまずキーを追加することにしましょう．プログラムは以下のようになります．

```
freq_dict = {}

for word in word_list:
  if word not in freq_dict:
    freq_dict[word] = 0

  freq_dict[word] += 1
```

　つまり，ディクショナリにその単語がまだない場合は，新しくキーを作り，そのキーに対応する値を0にセットします（ディクショナリにすでに単語があるときは，とくに何もしません）．次に，どちらの場合も，値を +1 します．単語リストに対してこれを繰り返すことで，最終的に頻度表ができあがることになります．

　うまくいったかどうか，結果を表示してみましょう．

```
freq_dict
```

　次のような画面が出れば成功です．

```
結果
{'坊っ': 36,
 'ちゃん': 40,
 '夏目': 6,
 '漱石': 8,
 '-': 122,
（後略）
```

頻度上位のものだけを表示する

　頻度表を作ることはできましたが，並び順がでたらめに見えます（キーが作られた順になっています）．このままでは使いにくいので，頻度が高いものを順に10位までだけを表示してほしいとしましょう．これは次のように書くことができます．なお，1行が長くなるのを防ぐため，カッコの中で改

120

行しています.

```
for word in sorted(freq_dict,
                    key=freq_dict.get,
                    revese=True)[:10]:
  print(word, freq_dict[word])
```

結果
```
、 5686
。 4914
て 4502
の 4436
に 3562
と 3500
は 3494
が 3422
た 3326
を 3318
```

　少し考え方が難しいので，ここで完全に理解する必要はありませんが，このプログラムは次のようなことをしています．sorted() が並べ替えを行う関数です．その際，key=freq.get という部分で，並べ替えの基準をディクショナリ freq の値にするということを指定しています（get はここまで使用していませんが，キーから値を得るための関数の名前です．ここでは sorted() という関数のオプションとして，何を基準として並べ替えを行うかを表す関数を指定しているのです）．また，小さい順（昇順）に並べてもよいのですが，どちらかというと頻度が高いものを最初に並べてほしいときが多いかと思いますので，大きい順（降順）に表示させるよう指定しています．これが reverse=True の部分です．

　なお，7.1 節で並べ替えのための sort() という関数を紹介しました．ここで sorted() という別の関数が出てきたことに混乱される方もいらっ

しゃるかもしれません．sort() と sorted() はどちらも並べ替えを行うのですが，sort() は適用したリスト自体を書き換えるのに対して，sorted() は新しいリストを返すという違いがあります．

8.3. 頻度表を作るときに便利な機能

じつは，この章で見たような頻度表を作成するという操作はよくあるので，collections というモジュールを使うともっと簡単に書くことができるようになっています．

前の節までは Python の標準のディクショナリを使っていましたが，まだ作られていないキーにアクセスしようとするとエラーになってしまうので，キーが既にあるかどうかで条件分岐しないといけないのが不便でした．この不便を解消してくれるのが，collections に含まれる defaultdict という機能です．defaultdict では，まだ作られていないキーにアクセスすると自動的にキーが作られるので，この条件分岐を省略することができます．

標準のディクショナリは freq_dict = {} のようにして作ることができましたが，defaultdict は次のように作ります．

```
import collections
freq_dict = collections.defaultdict(int)
```

ここで freq_dict という（デフォルト付きの）ディクショナリができました．カッコの中に入っている int というのは整数（integer）のことです．今作りたいのは頻度表ですので，値が整数であるようなディクショナリを作りますよ，という指定をしているのです．この場合，まだ作られていないキーにアクセスしたときに，デフォルトで値として 0 が入っているという扱いになります．

これで集計の際にあらかじめキーの有無を調べて条件分岐する必要がなくなり，以下のように書くだけでよくなります．

```
for word in word_list:
  freq_dict[word] += 1
```

　プログラム全体を通して書くと，以下のようになります．

```
import re
import MeCab
wakati = MeCab.Tagger('-Owakati')

import collections
freq_dict = collections.defaultdict(int)

word_list = []

with open('bocchan.txt', encoding='s-jis') as file:
  for line in file:
    line = line.rstrip()

    line = re.sub(r'《.+?》', '', line) # ふりがなの削除

    words = wakati.parse(line).split()
    word_list.extend(words)

for word in word_list:
  freq_dict[word] += 1

freq_dict
```

```
結果
defaultdict(int,
            {'坊っ': 18,
             'ちゃん': 20,
             '夏目': 3,
             '漱石': 4,
             '-': 61,
(後略)
```

これだけでも便利ですが，じつは collections には頻度表作成用の Counter という機能も用意されており，これを使うとリストを一発で頻度表に変換することができます．

```
collections.Counter(word_list)
```

```
結果
Counter({'坊っ': 18,
         'ちゃん': 20,
         '夏目': 3,
         '漱石': 4,
         '-': 61,
(後略)
```

さらに，前節ではこの頻度表を並べ替えるのも一苦労でしたが，この collections.Counter には most_common() という関数があり，頻度の高い順に並べ替えるのもこれを使えばすぐにできるようになっています．頻度の高い順に上位 10 位まで取り出すには，most_common(10) のように数字を指定すれば OK です．

```
collections.Counter(word_list).most_common(10)
```

結果

```
[('、', 2843),
 ('。', 2457),
 ('て', 2251),
 ('の', 2218),
 ('に', 1781),
 ('と', 1750),
 ('は', 1747),
 ('が', 1711),
 ('た', 1663),
 ('を', 1659)]
```

　最終的にこの Counter を使う方法でプログラム全体を書き直すと，以下のようになります．

```
import re
import MeCab
import collections

wakati = MeCab.Tagger('-Owakati')

word_list = []

with open('bocchan.txt', encoding='s-jis') as file:
  for line in file:
    line = line.rstrip()

    line = re.sub(r'《.+?》', '', line)  # ふりがなの削除

    words = wakati.parse(line).split()
    word_list.extend(words)

collections.Counter(word_list).most_common(10)
```

　このように，勉強を進めていくと，同じ操作をもっと簡単に書くことができる便利な機能が用意されていた，ということはよくあります．ただし，最初からそのような便利機能だけ学べばいいかというと，必ずしもそうではありません．基本的な機能を勉強しておかないと，便利機能でできることが自分のやりたいことと少しだけ違うときにどうすればよいか，応用がききません．基本的な機能を組み合わせて，自分で組み立てることも大事なのです．

8.4.　まとめ

　この節では頻度表などを作るときに便利なディクショナリという機能を紹介しました．collections に含まれる機能を使うと，頻度表の作成はさらに簡単になることも紹介しました．

8.5.　練習問題

1.　ディクショナリを次のように定義しました．

```
capital_dict = {'イギリス': 'ロンドン',
                'フランス': 'パリ',
                'ドイツ': 'ベルリン'}
```

　次の操作を実行すると，それぞれ結果はどうなるでしょうか．

```
capital_dict['日本']
capital_dict['パリ']
capital_dict[2]
```

2.　上のディクショナリに，'スペイン' をキーとして 'マドリード' を値とする項目を追加してください．

3.　以下のようにディクショナリを定義します．

```
ja2en = {'目': 'eye',
         '鼻': 'nose',
         '耳': 'ear',
         '口': 'mouth'}
```

　このディクショナリに入っているそれぞれの日本語と英語のペアを，次のようにスペース区切りで見やすく画面に表示してみましょう．

> 結果
>
> 目　eye
> 鼻　nose
> 耳　ear
> 口　mouth

4. 『坊っちゃん』に登場する頻度表を作成する際に，ひらがなだけで書かれた単語を除外してみましょう．

第9章

自分で機能を作ろう：関数

　　この章では「関数」について学びます．関数自体は本書でも
すでにたくさん登場していますが，じつは関数は自分でも作る
ことができます．むしろ，ある程度の規模のプログラムを作る
ときは，自分で関数を作るのが普通だと言ってもよいと思いま
す．複雑なプログラムをわかりやすく管理するためには，ひと
まとまりの動作に名前をつけて，必要に応じて呼び出せるよう
にすることがポイントになってくるからです．この章では関数
の作り方について説明します．Python をより深く理解し，ま
とまったプログラムを作るための第一歩となる知識ですので，
ぜひチャレンジしてみてください．

9.1.　関数をなぜ作るのか

　あらためて関数とは何かというと，あるデータを「渡す」と，なんらかの
処理をして，結果を「返して」くれる機械だと考えることができます．さて，
自分で関数をつくると何がうれしいのでしょうか？
　プログラムを作っていると，同じような操作を何度も行いたい場面があり
ます．例えば，前の章で『坊っちゃん』に含まれる頻度の高い単語 10 位ま
でを表示するプログラムを以下のように作成しました．

```
! pip install mecab-python3 unidic-lite
```

```
import re
import MeCab
import collections

wakati = MeCab.Tagger('-Owakati')

word_list = []

with open('bocchan.txt', encoding='s-jis') as file:
  for line in file:
    line = line.rstrip()

    line = re.sub(r'《.+?》', '', line)  # ふりがなの削除

    words = wakati.parse(line).split()
    word_list.extend(words)

collections.Counter(word_list).most_common(10)
```

　次に，同じ作業を『銀河鉄道の夜』でも実行したいとしましょう．これを実現するには，『銀河鉄道の夜』のファイル gingatetsudono_yoru.txt を用意したうえで，プログラムの 'bocchan.txt' となっている箇所を書き換えて 'gingatetsudono_yoru.txt' にすれば可能です．しかしそれだと，『坊っちゃん』用のプログラムを消してしまうことになります．研究の記録を残したいときは，これは望ましくありません．

　プログラム全体をコピーしてから修正を加えるようにすれば，元のプログラムが削除されてしまうという問題は防ぐことができます．しかし，このやり方にも弱点があります．あちこちにコピーしたプログラムにあとでミスが見つかったり，もっと良いやり方に変更したほうがいいことが分かったりしたらどうでしょうか．その場合，それぞれについて同じ修正作業を繰り返さないといけません．処理したいファイルが数百個になった時のことを考えてみてください．コピーしてから修正するのも，あまり良い案ではなさそうです．

　このようなときに関数が役立ちます．つまり，「ファイル名を入れると，

そのファイルの単語の頻度上位 10 位を返してくれる」関数を作ることを考えます（図 9.1）.

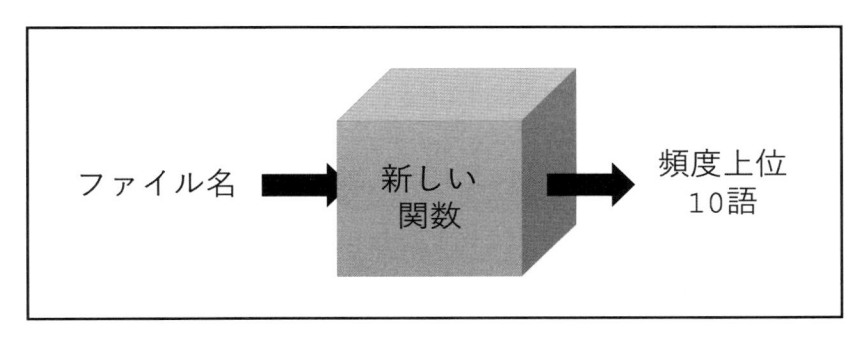

図 9.1. 頻度表を返す関数

一度この関数を作れば，あとはファイル名を指定して関数を呼び出すだけです．このやり方なら，あとで具体的なやり方にミスが見つかっても，関数の定義を修正するだけですみます．

別の見方をすると，関数を使うと**「何をやりたいのか」**と**「具体的にどうやるのか」を分けて書くことができる**，と言うことができます．このメリットは，自分でプログラムの内容を整理するときにも重要ですが，プログラムを他人と共有するときのことを考えると特にわかりやすいと思います．つまり，関数の使い方さえ伝えれば，その関数が具体的にどのようにしてその機能を実現しているのかについて知らなくても，他人がその機能を利用することができるようになるわけです（実際，本書でもここまででさまざまな関数を，実際どうやって実現しているのか知らないまま利用してきました）.

次の節で，具体的に関数の作り方を見ていきましょう.

9.2. 関数を作ってみよう

関数を定義するには def 文を使います．簡単な例として，文字列を渡すとその最初の文字を返す get_first_letter() という関数を考えてみましょう．まず，以下のように書きます.

```
def get_first_letter(string):
```

この文は以下のような形をしています.

```
def 関数名(引数):
```

関数名はここで新しく名付けるものですので,基本的になんでもかまいません（具体的に何をする関数なのかがわかる名前をつけるようにしましょう）.引数（ひきすう）というのは,関数が受け取る入力のことです.入力に対してどのような処理をするのかを書くために,その入力に一時的に名前をつけるのです.今作りたいのは,入力として文字列を受け取る関数です.文字列は英語で string ですので,上の例では string としてみました.

次に,字下げ（インデント）をして,この関数が何をするのか具体的な内容を書きます.関数の内容は簡単なものであっても,複雑なものであってもよいですが,どちらにしても最終的には,何かの結果を返す必要があります（本当は必ずしもそうではなく,何も返さない関数を作ってもよいのですが,ここでは扱わないことにします）.今作りたい例では,文字列の最初の文字を返す必要があります.この「返す」ために使うのが return 文です.

return 文は return 返したい値 のように書きます.文字列の最初の文字は,インデクシングを用いて string[0] と表現できました（4.4 節）.そこで「文字列の最初の文字を返す」ことは以下のように書けます.

```
    return string[0]
```

したがって,文字列の最初の文字を返す関数全体は,以下のようになります.

```
def get_first_letter(string):
  return string[0]
```

今回もインデントに気をつけましょう.今回,インデントは関数の内容がどこからどこまでなのかの範囲を示すために使われているわけです.

さて,上記のプログラムは関数を定義しただけで,具体的にこの関数を

使って何をするのかについてはまだ言っていませんので，実行しても何も起こりません．次に，実際にこの関数を使ってみましょう．以下のようにして，定義したばかりの関数を使ってみます．

```
get_first_letter('たけくらべ')
```

> 結果
> 'た'

「た」という結果が表示されれば成功です．

　引数は複数もつこともできます．その場合，カッコ内に仮に使用する変数名をカンマ区切りで並べて書きます．例えば，文字列と数値の2つを受け取って，数値で指定された位置にある文字を返す関数を考えてみましょう．例えば 'たけくらべ' という文字列と 3 という数値を受け取ったら，（0から数えて）3の位置にある 'ら' を返す関数を作るということです．この関数は，次のように書くことができます（i は index を略したものです．もちろん，名前はなんでもかまいません）．

```
def get_letter(string, i):
    return string[i]
```

　定義ができたので，この関数を実際に使ってみましょう．

```
get_letter('たけくらべ', 3)
```

> 結果
> 'ら'

　ここで紹介したやり方の場合，関数を使うときには，関数を定義したときとぴったり同じ数の引数を並べないといけません．実際には，省略可能な引数を作ったりする方法もありますので，詳しく知りたい方は，さらに進んだ本で勉強してみてください．

9.3. 頻度表作成を関数にしてみよう

では，9.1 節で例に挙げた「ファイル名を入れると，そのファイルの単語の頻度上位 10 位を返してくれる」関数を作ってみましょう．前の章で作った，『一握の砂』を読み込んで，頻度の高い単語上位 10 位を表示するプログラムは以下のようなものでした．

```python
import re
import MeCab
import collections
wakati = MeCab.Tagger('-Owakati')

word_list = []

with open('bocchan.txt', encoding='s-jis') as file:
  for line in file:
    line = line.rstrip()

    line = re.sub(r'《.+?》', '', line)  # ふりがなの削除

    words = wakati.parse(line).split()
    word_list.extend(words)
collections.Counter(word_list).most_common(10)
```

これを関数を使った形に直してみましょう．最初の import 文と形態素解析の準備については，プログラムの最初に一度実行すれば十分ですので，関数の中に入れる必要はありません．そこから先が関数の中身になります．頻度の高い単語を得るための関数ですので，関数名は get_frequent_words() としてみましょう．また，ファイル名を受け取る必要がありますので，一時的な変数の名前を filename とすることにします．def 文は以下のようになります．

```python
def get_frequent_words(filename):
```

この def 文に合わせて，これまで直接 'bocchan.txt' と書いていた部分を変数 filename に置き換えます．

```
with open(filename, encoding='s-jis') as file:
```

また，最後に返したい内容は return 文で返すようにします．

```
return collections.Counter(word_list).most_common(10)
```

プログラム全体は以下のようになります．

```
import re
import MeCab
import collections
wakati = MeCab.Tagger('-Owakati')

def get_frequent_words(filename):

  word_list = []

  with open(filename, encoding='s-jis') as file:
    for line in file:
      line = line.rstrip()

      line = re.sub(r'《.+?》', '', line)  # ふりがなの削除

      words = wakati.parse(line).split()
      word_list.extend(words)

  return collections.Counter(word_list).most_common(10)
```

次に実際にこの関数を使って頻度表を作ってみましょう．作業は，以下を実行するだけでよくなります（もちろん，データの準備が必要です）．

```
get_frequent_words('bocchan.txt')
```

> **結果**
> ```
> [('、', 2843),
>  ('。', 2457),
>  ('て', 2251),
>  ('の', 2218),
>  ('に', 1781),
>  ('と', 1750),
>  ('は', 1747),
>  ('が', 1711),
>  ('た', 1663),
>  ('を', 1659)]
> ```

```
get_frequent_words('gingatetsudono_yoru.txt')
```

> **結果**
> ```
> [('の', 1448),
>  ('、', 1352),
>  ('た', 1023),
>  ('て', 1015),
>  ('。', 924),
>  ('に', 907),
>  ('は', 710),
>  ('を', 634),
>  ('が', 574),
>  ('まし', 493)]
> ```

9.4. まとめ

　本章では自分で関数を作る方法について解説しました．このように，複雑なプログラムを書くようになってくると，プログラムをできるだけわかりや

すいパーツに分割し，名前をつけて管理する，ということが大事になってきます．本書では関数を自分で定義するということだけ扱いましたが，「リスト」「ディクショナリ」のようなデータの種類（クラス）を新しく自分で定義することもできます．関心のある方はぜひ本格的な本で勉強してみてください．

9.5. 練習問題

1. 温度を表す数値を受け取って，数値が 30 以上なら「暑いね」，10 以下なら「寒いね」という文字列を返す関数を作ってみましょう．

2. 9.4 節で作成した関数は頻度上位 10 位を表示するものでした．頻度上位何位までを表示するか，関数を利用するときに指定できるようプログラムを修正してください．

3. 9.4 節で作成した頻度上位 10 位の単語を表示する関数と，以下のようなファイル名のリストがあるとします．

```
filename_list = ['bocchan.txt', 'gingatetsudono_
yoru.txt']
```

filename_list に含まれるファイルに次々に関数を適用し，それぞれの頻度上位 10 位の単語を表示するプログラムを作ってみましょう．

第 10 章

表形式のデータを扱おう：pandas

　辞書・形態素解析結果・検索結果・実験結果など，言語研究では表形式になっているデータを扱いたい場面が多くあります．ここでは，pandas というライブラリを使用して，Python で表形式のデータを扱う方法を紹介します．pandas では，Excel のような表計算ソフトでよく行う操作（集計，絞り込み，並べ替えなど）を簡単に実行できるようになっています．具体例として，形態素解析結果を利用し，検索結果を文脈とともに表示する KWIC（Keyword in Context）検索の実現に取り組んでみましょう．

10.1.　pandas の基本

　さっそく pandas を使ってみましょう．pandas も Google Colab では import さえすれば使えるようになります．

```
import pandas as pd
```

　as pd というのは，「以降，pandas という名前の代わりに pd という名前を使う」ということを意味します．このような別名を作らずに import pandas とだけ書き，ずっと pandas という名前を使っても支障はないのですが，なぜか pandas は pd と略して使う習慣がありますので，本書でもこれに従うことにします．

表をつくる

では，さっそく pandas で表を作ってみましょう．表のデータはファイルか
ら読み込んだりすることもできます（11.2 節，11.3 節で紹介します）が，ま
ずは直接プログラムのなかにデータを書く形で簡単な表を作ってみましょう．

pandas の表は**データフレーム**と呼ばれ，`pd.DataFrame()` を使って作
ることができます．大文字小文字はこのとおりに使い分けないといけません
ので注意してください．

例えば，頻度表のデータを pandas のデータフレームにしてみます．ここ
で `pd.DataFrame()` に渡しているデータは，入れ子になったリスト（リス
トのリスト）です．Python の基本機能だけで表現された表を，より高機能
な pandas のデータフレームに直している，と考えればよいでしょう．

```
df = pd.DataFrame([['dog', 28],
                   ['cat', 33],
                   ['hippo', 3],
                   ['horse', 12]])
df
```

図 10.1 のような表が表示されるはずです．

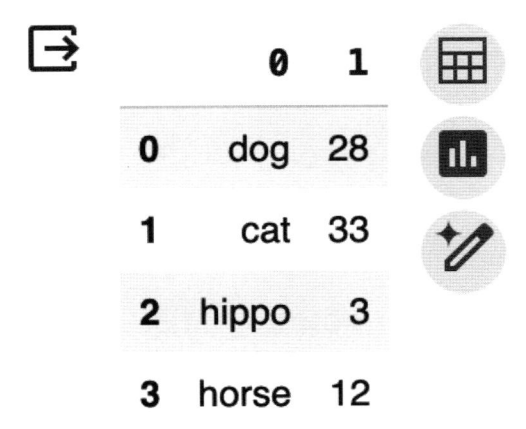

図 10.1.　pandas の表は Google Colab では整形されて表示される

　このように，Google Colab では pandas の表はきれいに整形されて表示され，マウス操作で並べ替えや絞り込みなどもできるようになっています．大規模なデータを読み込んだときなどは，まずはそれらの機能でデータの様子を見てみるのも良いかもしれません．

　ここで df というのはデータフレームの略で，pandas の表形式データを表す変数としてよく使われる名前です．とはいえ，これも新しく作っている変数にすぎませんので，実際には名前は何でもかまいません．

　なお，このデータは 'dog'，'cat' などがコーパスに出現した単語を，また，28 や 33 といった数字はそれらの出現頻度を表しているつもりなのですが，各列の見出しがありません．代わりに単に 0，1 という番号が振られていますので，このままではわかりにくいです．そこで，見出しを設定してみましょう．見出しは **データフレーム名**.columns にリストを代入することで設定できます．

```
df.columns = ['単語','頻度']
df
```

図 10.2.　各列に名前をつける

　これで見出しが表示されるようになりました（図 10.2）．

表の並べ替えや絞り込み

特定の列で表を並べ替えるには，以下のように書きます．

```
df.sort_values(by='頻度', ascending=False)
```

結果

	単語	頻度
1	cat	33
0	dog	28
3	horse	12
2	hippo	3

　データフレームの並べ替えに用いる関数は sort_values() です．by='
頻度' の部分で，「頻度」の列で並べ替えるということを表しています．
ascending=False というのは降順（つまり大きいものから小さいものへ
という順序）で並べ替えるという意味です．7.1 節で紹介した Python 標準
の sort() とは書き方が違います．
　特定の条件を満たす行だけを抜き出すには，以下のようにします．

```
df[df['頻度']>=20]
```

結果

	単語	頻度
0	dog	28
1	cat	33

　この書き方は入れ子になっていてわかりにくいですが，ここではひとま
ず，カッコ内の df['頻度']>=20 が「頻度が 20 以上」という条件を表して
いて，その条件全体をカッコにいれることによって絞り込みを行うことがで
きると考えればよいでしょう．

表の計算

pandas は，「列全体に同じ操作を適用する」といったことが簡単に実行で
きるようになっているのが特徴です（これは，R など統計を得意とする他の
言語と共通する特徴です）．例えば，すべての頻度に 1 を足したいときは，
以下のようにするだけです．

```
df['頻度'] + 1
```

結果

```
0    29
1    34
2     4
3    13
```

　元の数値（28, 33, 3, 12）に比べて，どの数値も 1 ずつ増えていることが
わかると思います．

　第 7 章で学んだ Python の普通のリストの機能では，このような簡単な書
き方はできません．例えば [28, 33, 3, 12] + 1 のような書き方をし
ても，リストと数ではデータの種類が違うので足し算をすることはできず，
エラーになります．それに対して，pandas のようなデータ処理用のパッ
ケージで上記のような書き方をすると，自動的に「列に含まれるすべての要
素について +1 という操作をすればいいのだな」と判断してくれるのです
（このように，自動的にすべての要素に対して同じ操作を適用してくれるこ
とを**ブロードキャスト**といいます）．

　実用的な例として，コーパス全体のサイズが例えば 3685 語だとしましょ
う．コーパス研究では，サイズの異なるコーパス同士を比較するために，単
純な出現頻度ではなく，分母を揃えて「1000 語あたりの出現頻度」のような
数値を求めることがあります．この数値は，出現頻度を 3685 で割り，1000
を掛けることで求めることができます．プログラムは以下のようになります．

```
corpus_size = 3685
df['1000語あたり出現頻度'] = df['頻度'] / corpus_size * 1000
df
```

結果

単語	頻度	1000 語あたり出現頻度
cat	28	7.598372
dog	33	8.955224
horse	3	0.814111
hippo	12	3.256445

　このように，データフレームの新しい列名を指定して代入すると，新しい列を追加することができます．この場合，df['1000**語あたり出現頻度**'] = のように書くだけで，「1000 語あたり出現頻度」の列を新しく追加することができるということです（この点はディクショナリに似ているかもしれません）．

　なお，実際には，数値が有効桁数を超えて細かすぎるので，数値を丸める（四捨五入する）ほうが望ましいでしょう．数値を丸めるには，round() という関数を使うなどの方法があります．

10.2.　形態素解析結果を分析しよう

　前の節で pandas の基本を紹介しましたので，この節では実践的な例に取り組んでみましょう．この節は進んだ機能の紹介が多くなるので，ひとつひとつを詳しく説明することができませんが，だいたいこの程度の内容を書けばこの程度のことが実現できる，という感覚をつかんでいただければ幸いです．

　第 7 章では Python を使って日本語を形態素解析し，単語リストにする方法を紹介しました．第 7 章ではわかちがきの機能だけを利用しましたが，形態素解析では読み・品詞・活用形などの情報も得ることができます．ここでは，品詞などの情報も含めて形態素解析結果を表にし，検索や集計を行ってみましょう．

　まず，第 7 章でも行った，日本語形態素解析のための準備を行います．

142

第7章では，わかちがきのためのオプションを指定しましたが，今回はそのオプションを省略します．

```
! pip install mecab-python3 unidic-lite
```

```
import MeCab
tagger = MeCab.Tagger()
```

次に，形態素解析を実際に行ってみます．

```
parsed = tagger.parse('随分寒くなりましたね。')
print(parsed)
```

結果

随分	ズイブン	ズイブン	随分	副詞			1
寒く	サムク	サムイ	寒い	形容詞-一般	形容詞	連用形-一般	2
なり	ナリ	ナル	成る	動詞-非自立可能	五段-ラ行	連用形-一般	1
まし	マシ	マス	ます	助動詞	助動詞-マス	連用形-一般	
た	タ	タ	た	助動詞	助動詞-タ	終止形-一般	
ね	ネ	ネ	ね	助詞-終助詞			
。			。	補助記号-句点			
EOS							

　形態素解析結果が表示されました．品詞や活用形の情報などもついていることがわかります（最後の EOS というのは end of sentence の略で，文の終わりを認識したことを表しています）．さて，形態素解析の結果は表のように見えますが，データとしては全体が単なる文字列となっています．これを pandas のデータフレームに直す必要があります．準備として，まずこの文字列をリストにしてみましょう．

```
table = []
for line in parsed.split('\n'):
  columns = line.split('\t')
  table.append(columns)

table
```

結果

[['随分', 'ズイブン', 'ズイブン', '随分', '副詞', '', '', '1'],
 ['寒く', 'サムク', 'サムイ', '寒い', '形容詞-一般', '形容詞', '連用形-一般', '2'],
 ['なり', 'ナリ', 'ナル', '成る', '動詞-非自立可能', '五段-ラ行', '連用形-一般', '1'],
 ['まし', 'マシ', 'マス', 'ます', '助動詞', '助動詞-マス', '連用形-一般', ''],
 ['た', 'タ', 'タ', 'た', '助動詞', '助動詞-タ', '終止形-一般', ''],
 ['ね', 'ネ', 'ネ', 'ね', '助詞-終助詞', '', '', ''],
 ['。', '', '', '。', '補助記号-句点', '', '', ''],
 ['EOS'],
 ['']]

このプログラムでは文字列をリストに変える split() を二重に使っています．split() のカッコの中にある '\n' と '\t' は，それぞれ改行とタブを表すための表記です（日本語環境では，この \ は ¥(円記号) に見える可能性があります）．まず，改行で文字列を行ごとに区切り，さらに各行について，タブで各カラムに区切っているのです．最終的に，table はリストのリストになります．

ここまでできれば，あとは pd.DataFrame() を用いて pandas の表に変換できます．また，列名を設定してみます．列名は形態素解析結果からは直接わかりませんが，UniDic の資料をもとに設定してみました．[11]

---

[11] UniDic の FAQ ページ https://clrd.ninjal.ac.jp/unidic/faq.html を参考にしました．

```
df = pd.DataFrame(table)
df.columns = ['書字形出現形','発音形出現形','語彙素読み','語
彙素','品詞','活用型','活用形','アクセント']
df
```

結果

index	書字形出現形	発音形出現形	語彙素読み	語彙素	品詞	活用型	活用形	アクセント
0	随分	ズイブン	ズイブン	随分	副詞			1
1	寒く	サムク	サムイ	寒い	形容詞-一般	形容詞	連用形-一般	2
2	なり	ナリ	ナル	成る	動詞-非自立可能	五段-ラ行	連用形-一般	1
3	まし	マシ	マス	ます	助動詞	助動詞-マス	連用形-一般	
4	た	タ	タ	た	助動詞	助動詞-タ	終止形-一般	
5	ね	ネ	ネ	ね	助詞-終助詞			
6	。			。	補助記号-句点			
7	EOS							
8								

　無事，形態素解析結果を pandas の表にすることができました．ここまでできれば，条件による絞り込みなど，前の節で紹介したさまざまな操作も簡単です．下の例は，助動詞に絞り込む例です．

```
df[df['品詞']=='助動詞']
```

結果

index	書字形出現形	発音形出現形	語彙素読み	語彙素	品詞	活用型	活用形	アクセント
3	まし	マシ	マス	ます	助動詞	助動詞-マス	連用形-一般	
4	た	タ	タ	た	助動詞	助動詞-タ	終止形-一般	

コーパス全体の解析

　さきほどの例は 1 文だけを対象にしたものでしたが，今度は，コーパス全体を形態素解析してみましょう．やり方は大きく変わりません．これまでと同じようにファイルを 1 行ずつ読み込んでは形態素解析し，それをリストに追加していきます．

```
import re
import MeCab
tagger = MeCab.Tagger()

table = []

with open('bocchan.txt', encoding='s-jis') as file:
  for line in file:

    line = re.sub(r'《.+?》', '', line)  # ふりがなの削除

    parsed = tagger.parse(line)

    for line in parsed.split('\n'):
      columns = line.split('\t')
      table.append(columns)

df = pd.DataFrame(table)
df.columns = ['書字形出現形','発音形出現形','語彙素読み','語
彙素','品詞','活用型','活用形','アクセント']
df
```

結果

index	書字形出現形	発音形出現形	語彙素読み	語彙素	品詞	活用型	活用形	アクセント
0	坊っ	ボッ	ボウ	坊	名詞-普通名詞-一般			1
1	ちゃん	チャン	チャン	ちゃん	接尾辞-名詞的-一般			
2	EOS							
3								
4	夏目	ナツメ	ナツメ	ナツメ	名詞-固有名詞-人名-姓			0

146

5	漱石	ソーセキ	ソウセキ	ソウセキ	名詞-固有名詞-人名-名			1
(後略)								

　『坊っちゃん』から，動詞のみを検索してみましょう．動詞かどうかは品詞欄を見ればわかりますが，「動詞-一般」，「動詞-非自立可能」などに細分化されていますので，単純に ==`'動詞'` とするのではうまくいきません．ここでは，startswith() に相当する pandas の関数 str.startswith() を使って，品詞欄が `'動詞'` で始まっているものを以下のように指定します．na=False というのは，品詞のデータがない場合には False 扱いするという指定です（これを指定しないとエラーになってしまいます）．

```
verb_df = df[df['品詞'].str.startswith('動詞', na=False)]
verb_df
```

結果

index	書字形出現形	発音形出現形	語彙素読み	語彙素	品詞	活用型	活用形	アクセント
47	現れる	アラワレル	アラワレル	現われる	動詞-一般	下一段-ラ行	連体形-一般	4
50	つい	ツイ	ツク	つく	動詞-一般	五段-カ行	連用形-イ音便	1,2
76	付く	ツク	ツク	付く	動詞-非自立可能	五段-カ行	連体形-一般	1,2
83	する	スル	スル	為る	動詞-非自立可能	サ行変格	連体形-一般	0
122	おくれ	オクレ	オクレル	遅れる	動詞-非自立可能	下一段-ラ行	連用形-一般	0
(後略)								

　個別の動詞ごとの頻度を集計するにはどのようにすればいいでしょうか．pandas ではこのような場合，まず groupby() を用いて「グループ化」の操作を行います．例えば，語彙素が同じものどうしをまとめるには，

groupby('語彙素') とします. さらに, そのグループごとに, 語彙素欄に
ついてデータの件数を数えます. これは ['語彙素'].count() で表すこと
ができるようになっています.

```
verb_df.groupby('語彙素')['語彙素'].count()
```

結果	
語彙素	
あてがう	1
いらっしゃる	4
からかう	1
くっ付く	4
こだわる	1
（後略）	

　頻度順にソートするには, この結果に前節でも見た sort_values
(ascending=False) を適用すれば OK です.

```
freq = verb_df.groupby('語彙素')['語彙素'].count()
freq.sort_values(ascending=False)
```

結果	
語彙素	
為る	1008
言う	552
居る	450
有る	400
成る	273
（後略）	

　『坊っちゃん』で最も頻度の高い動詞は「する」で,「言う」「いる」「ある」
が続くことがわかります（UniDic の語彙素の表記には癖があり,「為る」と

いう漢字になっていますが，実際に出てくる形はひらがなで書かれているものがほとんどのはずです）．

KWIC 検索を実現する

KWIC（Keyword in Context）検索というのは，検索した単語をその前後の文脈とともに表示する機能で，国立国語研究所の「中納言」などのウェブサービスを含めた多くのコンコーダンサ（コーパス検索ソフト）の基本機能になっています（Google 検索などのウェブ検索の結果画面も KWIC 形式になっていると言うことができます）．pandas でも，少し工夫すれば KWIC 検索を実現することが可能です．

例えば，「勝つ」という言葉がどのような文脈で使われているかを調べてみましょう．df[df['語彙素']=='勝つ'] とすれば，語彙素が「勝つ」である行全体を抜き出すことができますが，ここでは，df.index を使って，行全体ではなく，行番号（インデクス）のみを取り出してみます．これにさらに to_list() を適用し，結果を Python の通常のリストに変換します．

```
indexes = df.index[df['語彙素']=='勝つ'].to_list()
indexes
```

結果
```
[17293, 17299, 17312, 17317, 17320, 17325, 17329,
17339, 54908]
```

この結果は，形態素解析結果の（0 から数えて）17,293 番目，17,299 番目，… の形態素が「勝つ」であることを表しています．

ここでなぜインデクスのみを取り出したかというと，この各インデクスの左右の文脈に何が書かれているかを取得するためです．そのために，まず準備としてコーパス全体の単語（実際に文章中に表れた形）のリストを作っておきます．これは第 7 章で作ったものと同じですが，ここではすでに形態素解析結果が表になっていますから，その「書字形出現形」欄を取り出してリストにするだけで OK です．次のようになります．

```
word_list = df['書字形出現形'].to_list()
```

　できあがった `word_list` について，例えば 17,293 番目が「勝つ」であるはずですから，その前後を表示すればよいはずです．今，前後 10 単語ずつを表示するとすれば，左文脈としては 17,283 番目から 17,292 番目，右文脈としては 17,294 番目から 17,303 番目を取り出せばいいことになります．つまり，今，キーワードがある位置が `i` 番目だとすると，左文脈の単語は `word_list[i-10:i]`，右文脈の単語は `word_list[i+1:i+1+10]` のようにスライシングで表すことができます．

　スライシングした結果はリストなので，これを連結して文字列にしましょう．`''.join(リスト)` のように書くことで，リストをそのままつなげた文字列に変換できます（`join` は 7.3 節で触れました．ここではつなげる文字列として空文字列を指定することで，とくに区切り文字を何も挿入せずリストの単語をそのままつなげています）．

```
left_context = ''.join(word_list[i-10:i])
right_context = ''.join(word_list[i+1:i+1+10])
```

　これを，さきほど作成した `indexes`（「勝つ」のある行の番号）のすべてについて順に実行すればいいわけです．結果は順に `kwic_table` というリストに追加していきましょう．プログラムは以下のようになります．

```
kwic_table = []

for i in indexes:
  left_context = ''.join(word_list[i-10:i])
  keyword = word_list[i]
  right_context = ''.join(word_list[i+1:i+1+10])

  kwic_table.append([left_context, keyword, right_context])
```

　最後にこれを pandas のデータフレームに変換し，列名を付けて表示してみましょう．

```
kwic_df  =  pd.DataFrame(kwic_table)
kwic_df.columns  =  ['左文脈','キーワード','右文脈']
kwic_df
```

`結果`

index	左文脈	キーワード	右文脈
0	か分らないんだ。世の中に正直が	勝た	ないで、外に勝つものがあるか
1	世の中に正直が勝たないで、外に	勝つ	ものがあるか、考えてみろ。今夜
2	あるか、考えてみろ。今夜中に	勝て	なければ、あした勝つ。あした勝てなければ
3	みろ。今夜中に勝てなければ、あした	勝つ	。あした勝てなければ、あさって勝つ。あさっ
4	中に勝てなければ、あした勝つ。あした	勝て	なければ、あさって勝つ。あさって勝てなけれ
5	、あした勝つ。あした勝てなければ，あさって	勝つ	。あさって勝てなければ、下宿から弁当
6	あした勝てなければ、あさって勝つ。あさって	勝て	なければ、下宿から弁当を取り寄せて勝つ
7	勝てなければ、下宿から弁当を取り寄せて	勝つ	までここに居る。おれはこう決心を
8	実にひどい奴だ。到底智慧比べで	勝てる	奴ではない。どうしても腕力

KWIC 表示ができれば成功です.

10.3. まとめ

この章では pandas というライブラリを用いて，Python で表形式のデータを扱う方法について紹介しました．Excel でよく使うような，データの検索・絞り込み・並べ替え・集計などの操作は，pandas でも簡単に実行可能です．データを閲覧したり入力したりする目的では Excel のほうが便利で

すが，処理を自動化したり，研究の記録を残したりする目的では，pandas
に分があります．

　この章で紹介したような発展的な内容になると，慣れている人でも使い方
をすべて暗記しているわけではないと思います．おおまかに何ができるかと
いうイメージを掴んでおけば，細かい書き方は必要なときに調べるのでも十
分です．最近では，やり方を AI に訊ねることもできます（本章で紹介した
ようなデータ処理に関する知識は，ウェブ上に情報が豊富なためか，AI が
とくに得意としているように感じます）．積極的に AI を活用することを考
えると，今後は自分がどのようなことを実現したいのか明確に言語化するス
キルが重要になってくるのかもしれません．

10.4. 練習問題

1. pandas で以下の表を作ってみましょう．

都道府県	人口	面積
北海道	5224614	83422.23
東京都	14047594	2199.94
大阪府	8837685	1905.34
沖縄県	1467480	2282.09

2. 1 の表が作成できたら，以下の操作をしてみましょう．（1）面積が
10000 を超える都道府県だけを表示する．（2）人口の多い順に並べ替え
る．（3）人口密度の欄を追加し，人口を面積で割った数値を入れる．

3. 『坊っちゃん』の形態素解析結果から，品詞別の出現頻度を集計してみ
ましょう．

4. 『坊っちゃん』の形態素解析結果から，接続助詞の「が」の用例を検索し，
前後の文脈を KWIC 表示してみましょう．（「この店はうまいがちょっ
と高い」のような「が」です．「猫がいる」のような格助詞の「が」は除
外します）

第 11 章

応用編

　　　　　　　Python は，コーパスを用いた定量的な研究はもちろん，言
　　　　　　語研究のさまざまな場面で実用的に使うことができます．た
　　　　　　だ，具体的にどんな使い道があるのか，イメージがわきにくい
　　　　　　かもしれません．この章では，さまざまなテクニックを組み合
　　　　　　わせてちょっと複雑で実用的な処理を行う例を紹介しましょ
　　　　　　う．

11.1. 辞書から条件に合う単語を探そう

　音声学や音韻論，形態論などの研究では，辞書から研究目的に合った単語
を見つけ出したいということがあります．ここではフリーで公開されている
英語の発音辞書を利用して，音に関する条件で単語を検索するということに
挑戦してみましょう．ここでは The CMU Pronouncing Dictionary という，
カーネギーメロン大学が開発した発音辞書を使います（図 11.1）．プロジェ
クトのページは以下にあります．

　　　http://www.speech.cs.cmu.edu/cgi-bin/cmudict

```
19066    CASTS   K AE1 S T S
19067    CASUAL   K AE1 ZH AH0 W AH0 L
19068    CASUALLY   K AE1 ZH AH0 W AH0 L IY0
19069    CASUALNESS   K AE1 ZH AH0 W AH0 L N EH0 S
19070    CASUALS   K AE1 ZH AH0 W AH0 L Z
19071    CASUALTIES   K AE1 ZH AH0 W AH0 L T IY0 Z
19072    CASUALTIES(1)   K AE1 ZH AH0 L T IY0 Z
19073    CASUALTY   K AE1 ZH AH0 W AH0 L T IY0
19074    CASUALTY(1)   K AE1 ZH AH0 L T IY0
19075    CASWELL   K AE1 Z W EH2 L
19076    CAT   K AE1 T
19077    CAT'S   K AE1 T S
19078    CAT-1   K AE2 T W AO1 N
19079    CAT-2   K AE2 T T UW1
19080    CAT-3   K AE2 T TH R IY1
19081    CAT-4   K AE2 T F AO1 R
19082    CAT-6   K AE2 T S IH2 K S
19083    CAT-O-NINE-TAILS   K AE1 T OW0 N AY2 N T EY2 L Z
19084    CATACLYSM   K AE1 T AH0 K L IH2 S AH0 M
19085    CATACLYSMIC   K AE2 T AH0 K L IH1 Z M IH0 K
19086    CATACOMB   K AE1 T AH0 K OW2 M
19087    CATACOMBS   K AE1 T AH0 K OW2 M Z
19088    CATACOSINOS   K AH0 T AE2 K AH0 S IY1 N OW0 S
19089    CATACOSINOS'S   K AH0 T AE2 K AH0 S IY1 N AH0 S IH0 Z
19090    CATAIN   K AE1 T EH0 N
19091    CATALA   K AE1 T AA0 L AA2 N
19092    CATALAN   K AE1 T AA0 L AA2 N
19093    CATALANO   K AA2 T AA0 L AA1 N OW2
```

図 11.1.　VSCode で閲覧した CMU Dictionary

　辞書ファイルは以下の URL から入手できます．「cmudict-0.7b」を右ク
リックして保存してみましょう．ダウンロードできたら，内容をテキストエ
ディタなどで確認してみるとよいと思います．

https://svn.code.sf.net/p/cmusphinx/code/trunk/cmudict

　この辞書には，英語の単語と，それを構成する音素の情報がまとめられて
います．そのため，この辞書を上手に使えば，「/ð/ から始まる単語」「語末
子音の有声性のみが異なるミニマルペア」など，音に関するさまざまな条件
で単語を検索することができます．

　ここでは，cat や pack のように，無声閉鎖音＋ /æ/ ＋無声閉鎖音，とい
う 3 音から成る単語を検索してみましょう．英語の無声閉鎖音は /p/, /t/, /k/
の 3 種類です（音声に関する専門用語の知識のない方は，「無声閉鎖音」と

は何かといったことは特に気にしなくてかまいません).

　この辞書はただのテキストファイルですので,本書でここまで学んだ方法を用いて Python で処理することができます.ファイルを開いて各行ごとに処理してみましょう.プログラムの出だしの部分は以下のようになります(このファイルは É など欧州の言語で使われる文字に対応した Latin-1 と呼ばれる文字コードで書かれているようですので,それを指定しています).

```
with open('cmudict-0.7b', encoding='latin1') as file:
  for line in file:
    line = line.rstrip()
```

　ファイルの最初のほうには ;;; で始まる行が並んでいます. ;;; で始まる行はデータ本体ではなく,ファイルのライセンスなどについての説明です.今回の目的では必要ありませんので,スキップしましょう.「行が ;;;で始まるならスキップ」は,6.2 節で学んだ continue を使って以下のように書くことができます.

```
    if line.startswith(';;;'):
      continue
```

　さて,次にデータ本体を扱うことを考えます.データ本体は,以下のような見た目をしています.基本的には,最初に単語のスペルがあり,そのあとその単語を構成する各音素についての情報がスペース区切りで並んでいることがわかります(このファイルでは,æ のようないわゆる発音記号は使わず,普通のアルファベットだけで発音を表す記号体系が採用されており,/æ/ は AE で表されています.なお,1 というのはアクセントの情報で,第一強勢位置であることを表しています).

```
CAT   K AE1 T
```

　このようなデータは,文字列のまま処理するより,リストにしたほうが扱いやすくなります.文字列を区切り文字で分割しリストに変換するのは,

split() でした（7.3 節）．なお，よく見ると，1 列目と 2 列目のあいだだ
けスペースが 2 個空いていますが，split() はデフォルトでは複数の空白
文字の連続をひとまとめにして扱ってくれますので，特に心配する必要はあ
りません．以下のように各行の内容を分割します．

```
columns = line.split()
```

これで columns の 1 つめの要素がスペルの情報，残りが各音素の情報に
なります．したがって，次のように名前をつけるとわかりやすくなるでしょ
う．

```
spelling = columns[0]
phones = columns[1:]
```

spelling は文字列，phones はリストとなることに注意してください．
[0] のように数字をひとつだけ指定すると（インデクシング），リストから
その要素が取り出されるのでした．それに対して，[1:] のようにコロン ：
を使って範囲を指定すると（スライシング），リストからその一部のリスト
が取り出されるのでした（[1:] はリストの 2 つめの要素から残り全部とい
う意味でした）．図にまとめると，図 11.2 のようになります．

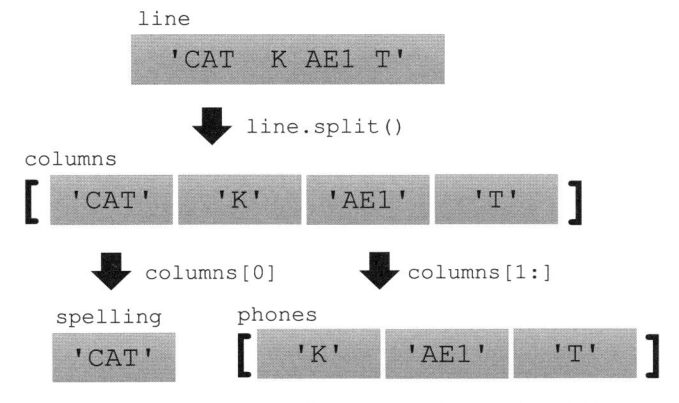

図 11.2.　CMU Dictionary の各行の内容の分割

　さて，今 cat や pack のような「無声閉鎖音 + /æ/ + 無声閉鎖音」という形をした単語を抽出したいのでした．これは，以下の4つの条件をすべて満たすことを確認すればよいことになります．

- ・音素3つから成る．これは len(phones) == 3 と書けます．
- ・1つめの音素が /p/, /t/, /k/ のどれか．これは phones[0] in ['P', 'T', 'K'] と書けます．
- ・2つめの音素が AE1．これは phones[1] == 'AE1' と書けます．
- ・3つめの音素が /p/, /t/, /k/ のどれか．これは phones[2] in ['P', 'T', 'K'] と書けます．

　上記の内容を and でつなげて長い条件式を作ります．その際にすべて1行にまとめて書くこともできるのですが，1行の内容が長すぎるのは読みにくいので避けたほうがよいです．代わりに，条件式の途中で改行しましょう．じつは，Python では文の途中でも改行できます．ただしその場合，行の最後に \ を記入する必要があります（日本語環境では，このバックスラッシュ \ は円記号 ¥ に見えているかもしれません）．

```
if len(phones) == 3 and \
   phones[0] in ['P', 'T', 'K'] and \
   phones[1] == 'AE1' and \
   phones[2] in ['P', 'T', 'K']:
```

　以上をまとめると，プログラム全体は以下のようになります．

```
with open('cmudict-0.7b', encoding='latin1') as file:
  for line in file:
    line = line.rstrip()

    if line.startswith(';;;'):
      continue

    columns = line.split()
```

```
spelling = columns[0]
phones = columns[1:]

if len(phones) == 3 and \
    phones[0] in ['P', 'T', 'K'] and \
    phones[1] == 'AE1' and \
    phones[2] in ['P', 'T', 'K']:
  print(line)
```

結果

```
CAC   K AE1 K
CAP   K AE1 P
CAPP  K AE1 P
CAQ   K AE1 K
CAT   K AE1 T
```
（後略）

　cat や pack など，条件を満たす単語の一覧が作成できていることを確認してみてください.

　なお，この節ではあえて CMU Dictionary のデータを自分で準備しましたが，NLTK（7.3 節でも登場した自然言語処理用のパッケージ）にも CMU Dictionary にアクセスするための機能があります.

11.2.　表形式のデータをウェブページで閲覧できるようにしよう

　少数言語を研究されている方は，ご自身で辞書を整備する機会があると思います. 例えば，Excel で図 11.3 のような，ある言語について単語・発音・品詞・日本語での説明という 4 つの列から成る辞書を管理している場面を考えます（実際のデータはもっと複雑かもしれませんが，ここでは話を簡単にするため，情報はこれだけということにしましょう）.

	A	B	C	D
1	単語	発音	品詞	説明
2	かなまい	kanamai	名詞	頭
3	みー	mi:	名詞	目
4	はな	hana	名詞	鼻
5	ふつ	futsɨ	名詞	口
6	みん	min	名詞	耳

図 11.3. Excel で作成した辞書

　これをウェブページで昔ながらの紙の辞書のような形式で表示する，ということを考えてみましょう（図 11.4）.[12]

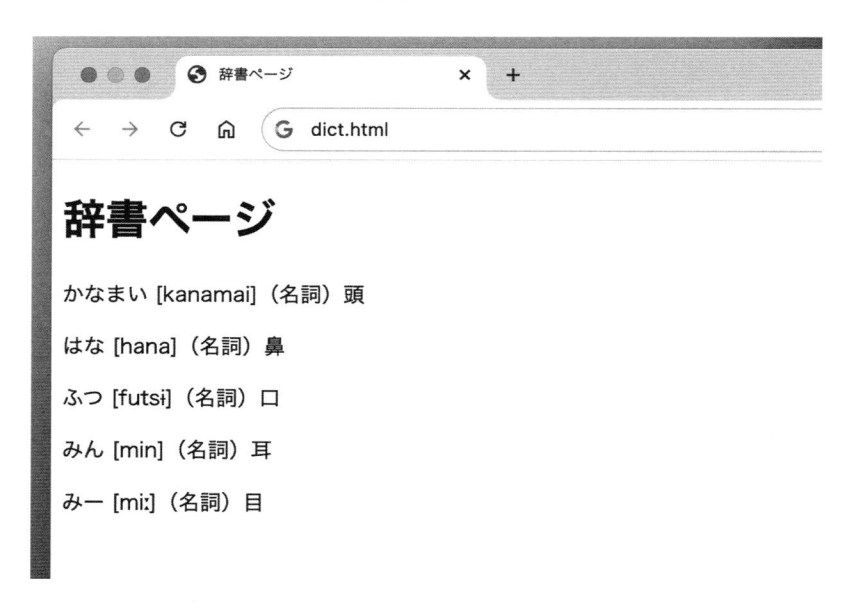

図 11.4. ウェブページとして表示した辞書

　ウェブページを作るには，ふつう HTML ファイルと呼ばれる形式のファイルを準備します．HTML の書き方については本題から外れるので，詳細はここでは説明しませんが，HTML は実はただのテキストファイルです．ただし，HTML には <h1> や <p> のような，見出し・パラグラフ・箇条書き・表などであることを指定する「HTML タグ」が挿入されていて，これをブラウザが解釈することによって，見た目を整えてユーザに表示する仕組みになっています（例えば，<h1> ～ </h1> で囲まれた部分は大見出し，<p> ～ </p> で囲まれた部分はパラグラフを表します）．

　今回は，次のような HTML を作ります．文字コードやタイトルなどを指定していますが，ここでは特に気にする必要はありません．{entries} と書いた部分は，仮の文字列（プレースホルダと呼びます）です．実際にはここに辞書の内容本体を書けば，図 11.4 のようなウェブサイトが作成できるということだけ押さえておけば大丈夫です．

```
<!DOCTYPE html>
<html lang="ja">
<head>
  <meta charset="UTF-8">
  <title>辞書ページ</title>
</head>

<body>
  <h1>辞書ページ</h1>

{entries}

</body>
</html>
```

　まず，骨組みとなる上の HTML を文字列として Python の変数に入れてみましょう．ここで便利なのが，三重の引用符 ''' です．三重の引用符で囲った文字列は，**改行も含めてそのまま書くことができる**という特徴があり，HTML のテンプレートのように長いテキストをそのまま引用するのに

160

向いています.

```
page_template = '''<!DOCTYPE html>
<html lang="ja">
<head>
  <meta charset="UTF-8">
  <title>辞書ページ</title>
</head>

<body>
  <h1>辞書ページ</h1>

{entries}

</body>
</html>
'''
```

　次に，{entries} に入る実際の辞書の中身について考えます．辞書の各行は，パラグラフを表す HTML タグである <p>〜</p> で囲めばよさそうです．ここでは，単語・発音・品詞・説明それぞれのプレースホルダを {word}，{pron}，{pos}，{definition} で表しています．図 11.4 の完成イメージでは，発音は [] で囲まれていて，また品詞は () で囲まれていますので，ここでも {pron} を [] で，{pos} を () で囲っています．

```
<p>{word} [{pron}]({pos}){definition}</p>
```

　これも Python の変数に入れておきましょう．今度は各項目のテンプレートということで，entry_template とします．

```
entry_template = '<p>{word} [{pron}]({pos}){definition}</p>'
```

　さて，あとはこれらのテンプレートに具体的なデータを埋め込めばいいわけです．テンプレートにデータを埋め込むには，format() という関数が

役立ちます．format() 関数は次のように，{word} や {pron} などテンプレート中のプレースホルダのそれぞれを何で埋めればよいかを指定することで，文字列を作成することができます．Python はカッコ内では改行できるので，縦に並べてわかりやすく書いてみましょう．

```
entry_template.format(word='かなまい',
                      pron='kanamai',
                      pos='名詞',
                      definition='頭')
```

結果

`<p>かなまい　[kanamai]（名詞）頭</p>`

　では，Excel のデータを実際に読み込んで，HTML に埋め込むプログラムを考えてみましょう．第 10 章で紹介した pandas を用いると，Excel から直接表を読み込むことができます．Excel ファイルを読み込むには，pd.read_excel() という関数を使います．上の Excel ファイルが仮に dict.xlsx という名前で保存されているとすると，以下のようになります．

```
import pandas as pd
df = pd.read_excel('dict.xlsx')
```

　pandas のデータフレームとして読み込めていることを確認してみましょう．df と入力して，図 11.5 のような表が表示されれば成功です．

```
df
```

	単語	発音	品詞	説明
0	かなまい	kanamai	名詞	頭
1	みー	miː	名詞	目
2	はな	hana	名詞	鼻
3	ふつ	futsɨ	名詞	口
4	みん	min	名詞	耳

図 11.5. pandas のデータフレームとして読み込んだ辞書

　先に用意したテンプレートを使ってこれを HTML に変換してみましょう．ここでは，ちょっと難しいかもしれませんが，apply() という関数を使ったやり方を紹介します．まず，上のデータフレームの各行（仮に item と名付けています）を受け取って，先に用意したテンプレートを使って HTML に変換する関数を定義します（関数の定義については 9 章をご覧ください）．ここでは「辞書のエントリーを生成（generate）する」という意味で gen_entry() と名付けています．

```
def gen_entry(item):
  return entry_template.format(word=item['単語'],
                               pron=item['発音'],
                               pos=item['品詞'],
                               definition=item['説明'])
```

　次に，apply() 関数を使います．apply() 関数は次のように書き，関数を受け取って，データフレームの各行（各列）にその関数を適用した結果を返します．関数の引数として関数を渡しているのです（関数の引数として関数を渡す例が登場するのは 2 回目です．8 章で頻度表の並べ替えに用いた sorted() 関数で，並べ替えの基準を関数で渡していました）．

データフレーム.apply(関数)

　今回は，df というデータフレームの各行に gen_entry という関数を適用しますので，次のように書きます．axis=1 は，縦に順番に適用する（つまり，各行に対して適用する）ことを表します．apply() 関数の結果を df['HTML'] に代入することにより，HTML で書かれた辞書エントリを掲載した列を df に追加することができます．

```
df['HTML'] = df.apply(gen_entry, axis=1)
df
```

結果

index	単語	発音	品詞	説明	HTML
0	かなまい	kanamai	名詞	頭	<p> かなまい [kanamai]（名詞）頭 </p>
1	みー	mi:	名詞	目	<p> みー [mi:]（名詞）目 </p>
2	はな	hana	名詞	鼻	<p> はな [hana]（名詞）鼻 </p>
3	ふつ	futsi̥	名詞	口	<p> ふつ [futsi̥]（名詞）口 </p>
4	みん	min	名詞	耳	<p> みん [min]（名詞）耳 </p>

　ここで単語を五十音順に並べ替えておきましょう．

```
df = df.sort_values(by='単語')
df
```

結果

index	単語	発音	品詞	説明	HTML
0	かなまい	kanamai	名詞	頭	<p> かなまい [kanamai]（名詞）頭 </p>
2	はな	hana	名詞	鼻	<p> はな [hana]（名詞）鼻 </p>
3	ふつ	futsi̥	名詞	口	<p> ふつ [futsi̥]（名詞）口 </p>
4	みん	min	名詞	耳	<p> みん [min]（名詞）耳 </p>
1	みー	mi:	名詞	目	<p> みー [mi:]（名詞）目 </p>

　並べ替えは文字コード順ですので，一般的な国語辞典の並び順とは厳密には一致しません．また，本来は対象言語の体系に合わせて適切な配列を考えるべきかもしれませんが，ここではそういったことも特に考慮していません．

　次は，「HTML」の列全体をつなげてひとつの文字列にしましょう．これを実現するには，df['HTML'] で列を取り出し，to_list() で通常の Python のリストに変換し，最後に文字列のリストを連結して単一の文字列にするための join() という関数を適用します（区切り文字として改行文字 '\n' を指定しています）．これで，entries という変数に，複数の項目全体がひとつの文字列として入ります．

```
entries = '\n'.join(df['HTML'].to_list())
print(entries)
```

結果
```
<p>かなまい　[kanamai]（名詞）頭</p>
<p>はな　[hana]（名詞）鼻</p>
<p>ふつ　[futsɨ]（名詞）口</p>
<p>みん　[min]（名詞）耳</p>
<p>みー　[miː]（名詞）目</p>
```

　さらに，最初に用意した page_template にこれ全体を埋め込みます（再び format() 関数を使います）．

```
page = page_template.format(entries=entries)
print(page)
```

結果

```
<!DOCTYPE html>
<html lang="ja">
<head>
    <meta charset="UTF-8">
    <title>辞書ページ</title>
</head>

<body>
    <h1>辞書ページ</h1>

<p>かなまい　[kanamai]（名詞）頭</p>
<p>みー　[miː]（名詞）目</p>
<p>はな　[hana]（名詞）鼻</p>
<p>ふつ　[futsɨ]（名詞）口</p>
<p>みん　[min]（名詞）耳</p>

</body>
</html>
```

　これで HTML が完成しました．このままエディタなどにコピーすること
もできますが，プログラムの中で直接 HTML ファイルとして保存してみま
しょう．本書ではファイルを保存する方法はこれまでに扱っていませんが，
以下のように書けます．

```
with open('dict.html', 'w') as output_file:
  print(page, file=output_file)
```

　まず，with 文でファイルを開きます．これまで with 文はテキストファ
イルを読み込むときに使ってきましたが，これまでと違い，新しいファイル
を作るときには 'w'（write）というオプションを指定します（このオプショ

ンを指定した場合，同名のファイルが既にあった場合は古い内容は消えてしまいますので注意が必要です）．

　次に with ブロックの中で print() を実行するのですが，その際，file= というオプションを指定することによって，結果を画面に表示する代わりにファイルに書き込むことができるのです．

　上を実行してしばらくすると dict.html が左側の欄に作成されているのが見えますので，これを右クリックして「ダウンロード」を選んでみましょう（図 11.6）．

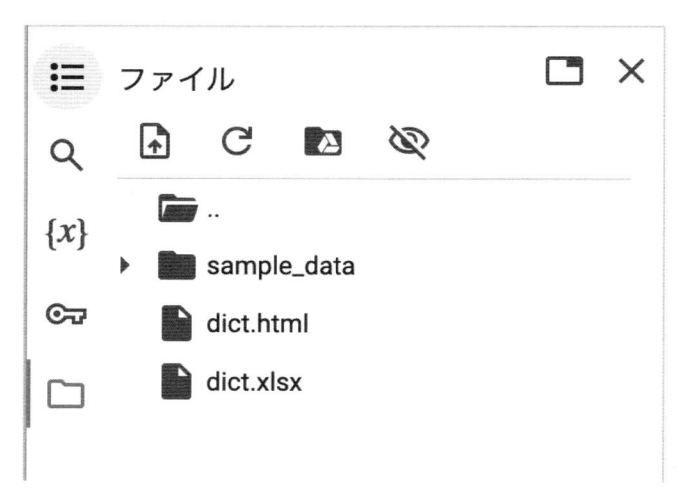

図 11.6.　Google Colab 上で HTML ファイルを出力

　ダウンロードした dict.html をダブルクリックすることで図 11.4 のようなウェブページが表示されれば成功です（ウェブページとして誰でもアクセスできるようにするには，さらにウェブサーバを借りるなどする必要があります）．

　今回はウェブページのデザインについて何も指定していないので，味気ない仕上がりになりますが，スタイルシートの知識があればデザインに凝ることももちろん可能です．また，ここではウェブページを作成する例を紹介しましたが，LaTeX などの組版ソフトと組み合わせれば，印刷物を作ること

も同じようなやり方で実現できるでしょう．また，ユーザによる検索などの操作に応じて表示する内容が変わるような動的なウェブサイトを Python で作ることも可能です．

ここではウェブページにデータを埋め込むための特別なライブラリは使わず，Python 標準の format() 関数のみを使う例を紹介しました．jinja2 など，テンプレートエンジンと呼ばれるライブラリを使うと，テンプレートの側でデータに応じた条件分岐や繰り返しを記述するといった高度な処理が可能になります．

なお，ここで紹介したプログラムは，完全に自分で中身を把握しているデータ以外には適用しないでください．外部から入手したデータにそのまま適用するのはセキュリティ上危険です．HTML には不審なリンクやスクリプトを埋め込むことが可能だからです．本格的なプロジェクトではここで紹介したやり方ではなく，安全性への対策がなされたウェブ開発用のライブラリ（上で触れた jinja2 もそのひとつです）を使用することを検討してください．

11.3.　大規模コーパスの検索結果を分析しよう

この節では，国立国語研究所の提供するコーパス検索サービスである「中納言」で得られた結果を分析する例を紹介しましょう．なお，本節の内容を試していただくためには，https://chunagon.ninjal.ac.jp/ から「中納言」への利用登録が必要です．また，ここでは中納言の使い方や，利用するコーパスについては簡単にしか触れません．詳しく学びたい方は，中俣（2021）『「中納言」を活用したコーパス日本語研究入門』（ひつじ書房）などを参考にしてください．

国語研が提供しているような大規模なコーパスは，購入すれば手元に置くことができるものもありますが，それよりも「中納言」のようなサービスを通じてアクセスすることのほうが多いでしょう．その場合，検索自体には本書で紹介したような Python を用いた方法は活用しにくいです．ただし，検索結果を分析する目的では Python が役立ちます．

ここでは「- てしまう」が変化した「- ちゃう」(「しちゃう」「食べちゃった」など)の用例を,約 1 億語から成る日本語書き言葉均衡コーパス(BCC-WJ)から検索し,Python で結果を集計することを考えます.[13]

中納言にログインして BCCWJ を選択し,「長単位検索」のタブを選択します.ここでは「-ちゃう」の直前に現れる動詞を集計することを目的として,「キー」の「品詞」の「大分類」を「動詞」,「後方共起 1」の「語彙素」を「ちゃう」と指定します(図 11.7).「-ちゃう」で検索することが決まっているとついキーとして「ちゃう」を入力したくなってしまうのですが,実際に集計したい対象が「-ちゃう」の直前に現れる動詞であるときは,「ちゃう」は後方共起条件とし,キーは動詞とするのがポイントです.また,Pythonで分析する場合,ダウンロードオプションを表示してシステム「Linux」を選択すると,あとの手順が簡単になります.以上の指定ができたら「検索結果をダウンロード」をクリックします.なお,ここで指定したオプションは,「検索条件式で検索」タブを選び,以下の検索条件式を入れることでも再現できます.

```
キー: 品詞 LIKE "動詞%"
AND 後方共起: 語彙素="ちゃう" ON 1 WORDS FROM キー
WITH OPTIONS tglKugiri="|" AND tglBunKugiri="#" AND
limitToSelfSentence="1" AND tglFixVariable="2" AND
tglWords="20" AND unit="2" AND encoding="UTF-8" AND
endOfLine="LF"
```

---

[13] 本書では中納言 2.7.2 データバージョン 2021.03 のものを利用しています.

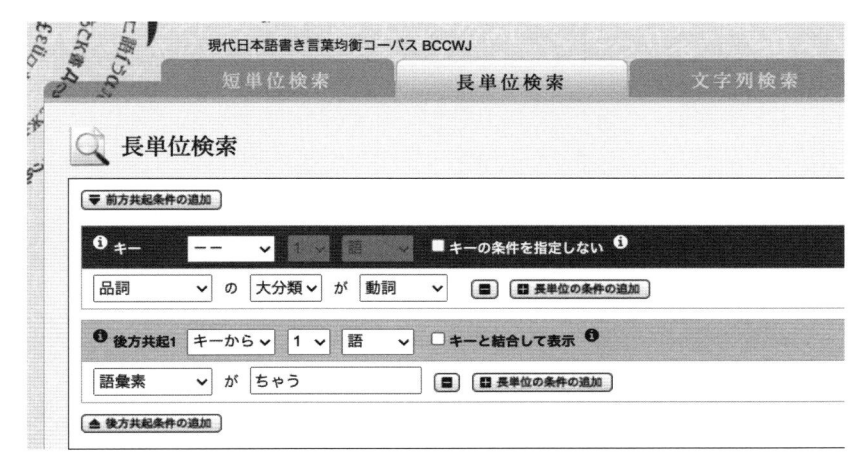

図 11.7.　「中納言」での検索条件の指定

　「Linux」を選択した場合，UTF-8 のテキストファイルがダウンロードさ
れます．ダウンロードされるファイルの名前は毎回異なりますが，ここでは
ファイル名を chau.txt に変更しておきましょう．ダウンロードできたら，
テキストエディタで内容を確認しておきましょう．

　次にこれを Google Colab にアップロードします（ファイルが大きいので，
アップロードに少し時間がかかるかもしれません）．アップロードできたら，
このファイルの内容を pandas の表に変換します．まず，pandas を用意し
ます．

```
import pandas as pd
```

　前の節で Excel のファイルから表を読み込む pd.read_excel() を使い
ましたが，テキストファイルから表を読み込むには，pd.read_csv() を
使います．この関数はデフォルトではカンマ区切りテキストを想定して動作
するのですが，中納言からダウンロードした検索結果はタブ区切りになって
いますので，そのことを伝える必要があります．これは，オプションで
delimiter='\t' と指定すれば OK です．

170

```
df = pd.read_csv('chau.txt', delimiter='\t')
```

さっそくこのデータフレームを表示してみましょう.

```
df
```

図 11.8 のような表が整形されて表示されれば成功です.

	サンプル ID	開始位置	連番	前文脈	キー	後文脈	語彙素ID	語彙素読み	語彙素	語彙素細分類	...	書名/出典	副題/分類
0	LBa0_00003	59760	30870	マルーになることーでー、いったーいどんな文章ーを終わらーせたーんだろう。#おも...	かんがえこん	ー(じゃ)ーましーた。#つまり、ーそのーときーすでにー、ー句点ーのーマルーという身ぶ...	NaN	カンガエコム	考え込む	NaN	...	読書百遍	NaN
1	LBa0_00003	79360	41320	のーケネス・パークーが定義してるようにー「ーシンボルーを使用するー動物」ーでーすー...	つくっ	ー(ちゃっ)ーたー社会にーは、ー「ーシンボルーをー使用するー動物」ーじゃーないものー...	NaN	ツクル	作る	NaN	...	読書百遍	NaN
2	LBa0_00003	100580	53070	ふうにーかんがえてるーじぶんにーふとーしたー拍子にー気づくーのです。#わたしにと...	決め	ー(ちゃっ)ーたーのーが、にーのー「ー天狗笑」ーのー青空のイメージでしーたー。#天...	NaN	キメル	決める	NaN	...	読書百遍	NaN

図 11.8. pandas で読み込んだ BCCWJ の検索結果

さて,この表に基づいて分析をしてみましょう.まず「- ちゃう」がどんな動詞と共起しやすいかを調べてみます.これは「語彙素」の列を取り出したうえで,value_counts() という関数を使うと調べられます.

```
df['語彙素'].value_counts()
```

```
結果
成る          2586
する           661
行く           518
死ぬ           353
来る           324
               ...
死なす          1
消し忘れる       1
持ち合わせる     1
どん引きする     1
冒険出来る       1
Name: 語彙素, Length: 2334, dtype: int64
```

　「成る」が 2,586 件であり，「なっちゃう」の頻度がもっとも高く，「しちゃう」「行っちゃう」「死んじゃう」が続くことがわかります（10.2 節でも触れましたが，語彙素の表記には少し癖があり，語彙素は「成る」と漢字で書かれていますが，コーパスでは「なる」とひらがなで書かれているものが多いはずです）．

　さて，次に「-ちゃう」がどんなレジスターに多いかを調べてみましょう．レジスターというのは，書籍・雑誌・新聞・ブログなど，元のデータがどのような種類の媒体から来ているかということです．（図 11.8 では省略されてしまって見えていませんが）検索結果にはレジスターの情報もついていますので，やり方はさきほどの動詞の集計とまったく同じで，注目する列を変えるだけです．

```
df['レジスター'].value_counts()
```

```
結果
特定目的・ブログ           5796
図書館・書籍             3772
特定目的・知恵袋           3094
出版・書籍              2522
出版・雑誌               964
特定目的・ベストセラー         627
特定目的・国会会議録          252
出版・新聞                32
特定目的・広報紙             30
特定目的・教科書             13
特定目的・韻文               5
Name: レジスター, dtype: int64
```

　トップに来ているのは「特定目的・ブログ」です．注意しなければいけないのは，これを見てただちに「-ちゃう」は「特定目的・ブログ」で最も使われやすく，次いで「図書館・書籍」で使われやすい言葉だと判断してはいけないということです．なぜかというと，各レジスターごとのサブコーパスの規模は同じではないので，「-ちゃう」の件数が多いのは単にサブコーパスの規模が大きいせいかもしれないからです．「-ちゃう」がどのレジスターで使われやすいかを調べるには，各レジスターごとの規模の数字が必要です．これは，国語研が以下のページから配布している以下のデータを見ればわかります．

　　　https://repository.ninjal.ac.jp/records/3240

　このページから「『現代日本語書き言葉均衡コーパス』長単位語数表」のExcel ファイル（BCCWJ_WC_LUW_v11.xlsx）をダウンロードし，Google Colab にアップロードします．

　前の節でも紹介したように，Excel ファイルは pd.read_excel() でpandas のデータフレームとして読み込むことができます．

```
word_count_df = pd.read_excel('BCCWJ_WC_LUW_v11.xlsx')
word_count_df
```

このデータでは，図 11.9 のように，サンプルごとにレジスター，出版年，語数などの情報がまとめられています．

	サンプル ID	レジスター	レジスター(略)	コア	生年代	性別	ジャンル	出版年	語数(固定長)	語数(可変長)	語数(全て)
0	LBa0_00002	図書館・書籍	LB	0	1940	男	0 総記/070/0036	1986	609	5695	5695
1	LBa0_00003	図書館・書籍	LB	0	1930	男	0 総記/019/0070	1986	618	7227	7227
2	LBa0_00006	図書館・書籍	LB	0	1920	男	0 総記/049/0100	1986	712	521	912
3	LBa0_00007	図書館・書籍	LB	0	1840	男	0 総記/081/	1986	603	424	894
4	LBa1_00003	図書館・書籍	LB	0	1910	男	1 哲学/120/0014	1986	627	1319	1319

図 11.9.　pandas で読み込んだ BCCWJ の語数表

今ほしいのはレジスターごとの語数（「語数（全て）」欄を使います）の合計です．このような場合，pandas では groupby() という関数を用いてレジスターごとにグループ化し，さらに sum() 関数で合計を求めます．

```
register_size = word_count_df.groupby('レジスター')['語数
(全て)'].sum()
register_size
```

```
結果
レジスター
出版・新聞              1220521
出版・書籍             27622572
出版・雑誌              4284205
図書館・書籍           30273796
特定目的・ブログ        10932269
特定目的・ベストセラー    3863387
特定目的・国会会議録      4497761
特定目的・広報誌         3089582
特定目的・教科書          924835
特定目的・法律           832747
特定目的・白書          3824263
特定目的・知恵袋        10298356
特定目的・韻文           210324
Name: 語数（全て）, dtype: int64
```

　これでレジスターごとの語数の合計がわかりました．そこで，「-ちゃう」のレジスターごとの頻度を，レジスターごとの総語数で割ってみましょう．ただし，非常に小さい数字になりますので，それに 100 万を掛けて「100 万語あたりの語数」を求めましょう．これは pmw（per million words）といい，コーパス言語学でよく使われる単位です．

```
freq_by_register = df['レジスター'].value_counts()
pmw_by_register = freq_by_register / register_size *
1000000
```

　pandas の機能のおかげで，単に割り算の記号 / を書くだけで自動的にインデクスを照合して，例えば「特定目的・ブログ」であれば「特定目的・ブログ」での「-ちゃう」の頻度を「特定目的・ブログ」の総語数で割ってくれます．また，100 万倍の操作「* 1000000」はブロードキャストされ（10.1

節でも言及しました），自動的にすべての数値が 100 万倍されます．

　結果を降順に並べ替えて表示してみましょう．

```
pmw_by_register.sort_values(ascending=False)
```

結果
```
レジスター
特定目的・ブログ           530.173562
特定目的・知恵袋           300.436303
出版・雑誌             225.012575
特定目的・ベストセラー        162.292828
図書館・書籍            124.596202
出版・書籍              91.302142
特定目的・国会会議録          56.027877
出版・新聞              26.218312
特定目的・韻文             23.772846
特定目的・教科書            14.056561
特定目的・広報紙                 NaN
特定目的・広報誌                 NaN
特定目的・法律                  NaN
特定目的・白書                  NaN
dtype: float64
```

　これでレジスターごとの 100 万語あたりの「–ちゃう」の頻度が得られま
した（法律などには「–ちゃう」の用例がなかったため，計算結果が NaN
(not a number) になっています）．ブログが首位であることには変わりがな
く，100 万語あたり約 530 語の頻度で「–ちゃう」が使われていることがわ
かります．一方，「–ちゃう」の用例が 2 番目に多いのは絶対数では「図書
館・書籍」でしたが，100 万語あたりで見ると「特定目的・知恵袋」である
ことがわかります．「–ちゃう」は口語的な表現ですから，書き言葉と話し言
葉との中間的な文体とも言われるブログや知恵袋などのウェブ上のテキスト

で頻度が高くなっているということが推測できるかもしれません.

グラフを描く

　簡単なグラフも描いてみましょう.グラフに日本語を表示させるために,次の準備が必要です.

```
!pip install japanize-matplotlib
import japanize_matplotlib
```

　ここでは「-ちゃう」のレジスターごとの100万語あたり頻度の棒グラフを描画してみましょう(図11.9).

```
pmw_by_register.plot(kind='bar')
plt.title('BCCWJにおける「-ちゃう」のレジスター別相対頻度')
plt.xlabel('レジスター')
plt.ylabel('100万語あたり頻度')
```

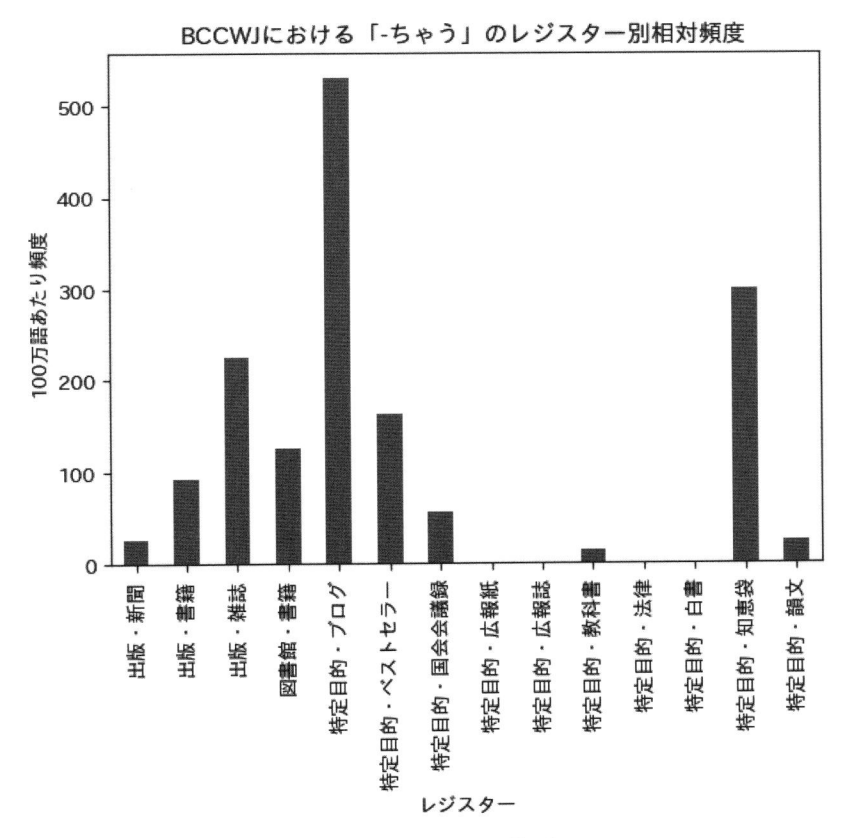

図 11.9.　グラフの描画

　該当の機能を呼び出しさえすれば，わずか数行のプログラムで簡単なグラフが作成できることがわかると思います．

11.4.　まとめ

　この章では，Python を用いた実践的な応用例をいくつか紹介しました．ここで紹介した事例が，みなさんが実際に研究で行いたいこととぴったり一致することはないかもしれませんが，本書をここまで読んでくださったみな

さんであれば，さらに他の書籍やウェブサイトなどで必要な情報を収集し，自分のプロジェクトに学んだ知識を生かすことができると信じています．

　本書はテキスト処理に焦点を絞りましたが，言語研究の中だけで考えてみても，Python が活用できる場面はテキスト処理だけにとどまりません．例えば音声や動画の処理，地図の作成，心理実験，統計や機械学習など，多数の応用先があります．本書がきっかけとなってさまざまな研究成果が実を結ぶことを願っています．

11.5. 練習問題

1. CMU Dictionary を利用し，/ð/ で始まる英単語の一覧を作ってみましょう．/ð/ は that や there などの語頭位置にある有声音です．thick や three などの語頭の音は無声の /θ/ なので，結果に含まれていてはいけません．/ð/ は CMU Dictionary では DH で表されています．

2. BCCWJ の検索結果を HTML に直すプログラムを作ってみましょう．例えば BCCWJ の検索結果が次の表のようになっていたとします．

前文脈	キー	後文脈
おもわ|ず|そんな|ふう|に|	かんがえこん	|(じゃい)|まし|た|.

　　これを「おもわずそんなふうに**かんがえこん**じゃいました．」のように，ひとつなぎの文章に戻しつつ，キーとなる動詞の部分を強調して表示させてみましょう．HTML で文字列を強調するには，強調したい部分を <strong> ～ </strong> で囲みます．

3. 新語や流行語を取り上げて，国語研の BCCWJ（あるいは他のコーパスでもかまいません）を利用し，時代による使用頻度の変化が見られるかどうかを調べてみましょう．BCCWJ の検索結果には出版年の情報がついています．ただし，出版年によってコーパスの規模自体が異なりますので，判断がそれに影響されないよう気をつける必要があります．また，

出版年の分布はレジスターによって大きく異なることにも注意する必要
があります（例えば書籍や国会会議録に関しては比較的長いスパンの
データが取られているのに対して，ブログや知恵袋などのウェブテキス
トは，特定の時期のものしか収録されていません．そのため，ある年に
ある語の使用頻度が大きく増えたように見えたとしても，それは収録さ
れているデータのレジスターの違いが原因かもしれません）．

4. ご自身の研究に Python を生かしてください．本書で学んだことはもち
   ろん，他の書籍やウェブ，AI，共同研究者の協力などをフル活用してく
   ださい．

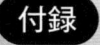

Jupyter Notebook の利用

本書では Google Colab を用いて，ウェブ上で Python を使う方法を紹介しました．しかし，4.1 節でも触れたように，扱いたいデータの規模が大きくてクラウドに上げるのが難しい場合や，セキュリティの都合などでクラウドの利用を避けたい場合などもあります．そのような場合は，Jupyter Notebook と呼ばれる Google Colab に似たアプリケーションを自分のパソコンにインストールするのがおすすめです．

Jupyter Notebook のインストール方法にはいくつか選択肢がありますが，Anaconda と呼ばれるデータサイエンス用のパッケージを利用すると，Python 本体に加えて pandas などの本書で用いたデータ処理用のライブラリもまとめて一度にインストールできますので一番簡単です．Anaconda は，次の URL からダウンロードできます．

https://www.anaconda.com/download

メールアドレスを入力して，サービスに関する案内などを受け取ることに同意したうえで「Submit」をクリックするか，もしくは Skip registration を選択します（図 A.1）．

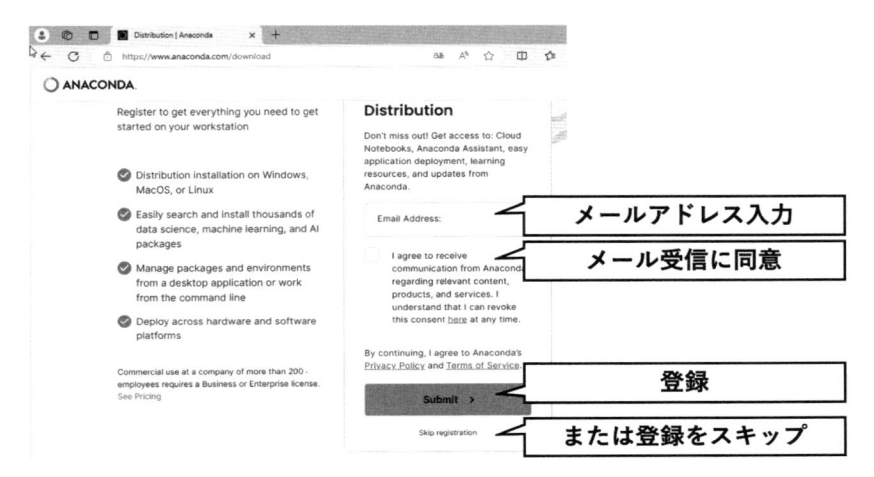

図 A.1. Anaconda のウェブサイト

　ダウンロードしたファイルを実行すると，Anaconda のインストールが始まります（図 A.2）．途中で設定について聞かれますが，とくに変更せず進めれば大丈夫です．ただし，ユーザ名に日本語の文字が含まれているとユーザのフォルダ内へのインストールがうまく動作しないので，その場合は他のフォルダを指定する必要があるようです．

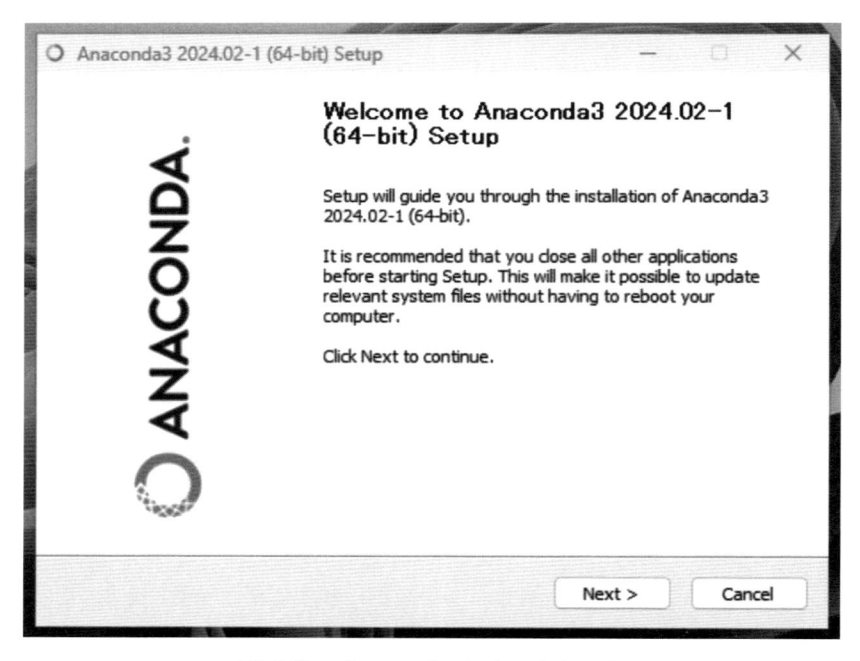

図 A.2. Anaconda のインストール

　インストールできたらスタートメニューを開きましょう．インストール直後であれば，おそらく「おすすめ」欄に Jupyter Notebook が表示されていますので，それをクリックします（表示されていない場合は検索しましょう）．図 A.3 のように Jupyter Notebook が立ち上がれば成功です（ブラウザのタブとして表示されます）．

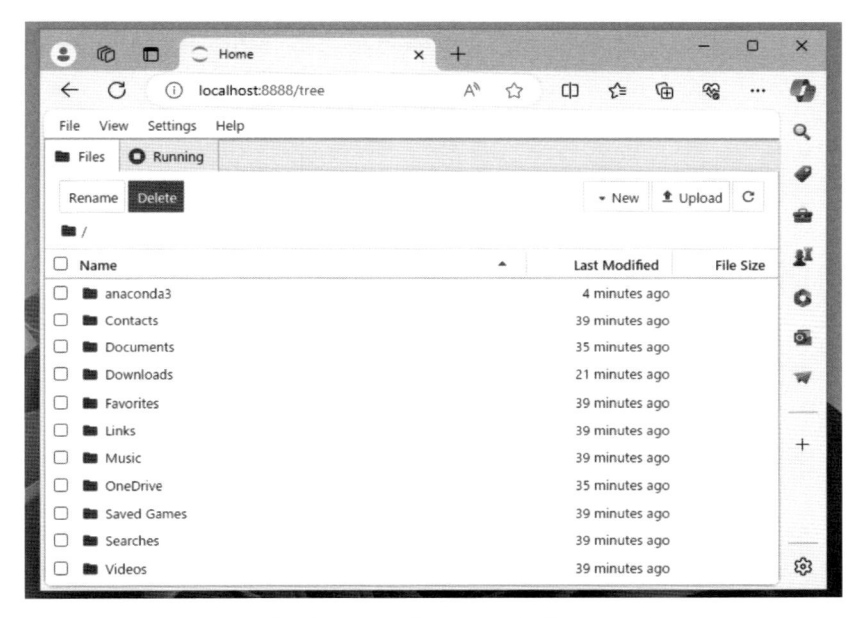

図 A.3.　Jupyter Notebook 起動時の画面

　次に，作業を行うフォルダに移動します．ここでは Documents に移動してみます．そのあと，右上の「New」から「Notebook」を選択します（図 A.4）．

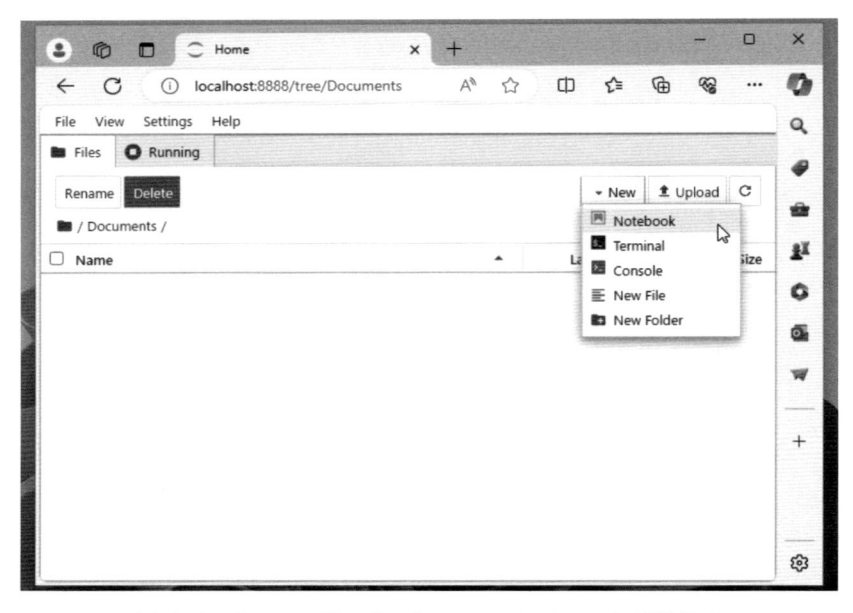

図 A.4. Jupyter Notebook でノートブックを新規作成

　すると,「Select Kernel」が表示されますが,これはデフォルトの Python 3 のままで大丈夫です (図 A.5).「Select」をクリックします.

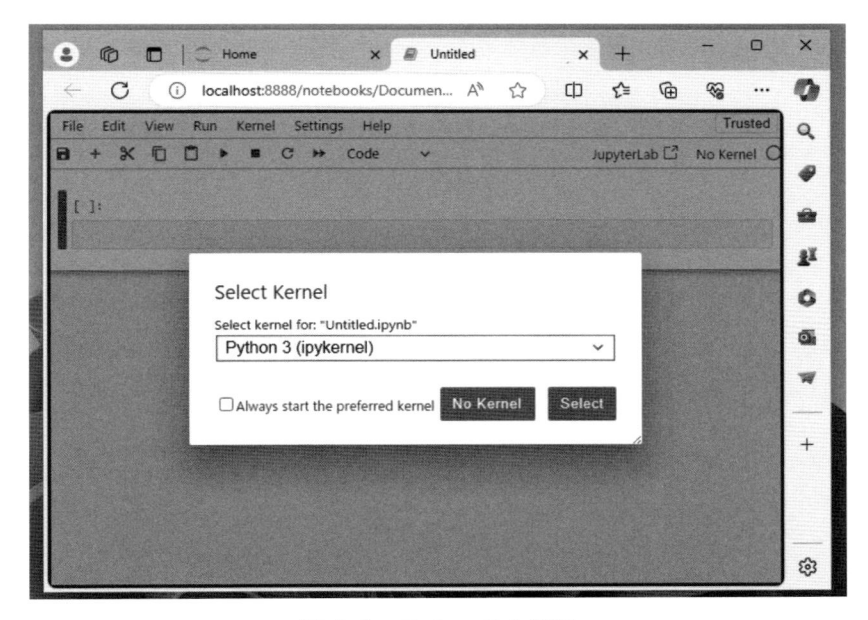

図 A.5. Python 3 を選択

ここから先は，本書で紹介した Google Colab と基本的に同じです（図 A.6）．

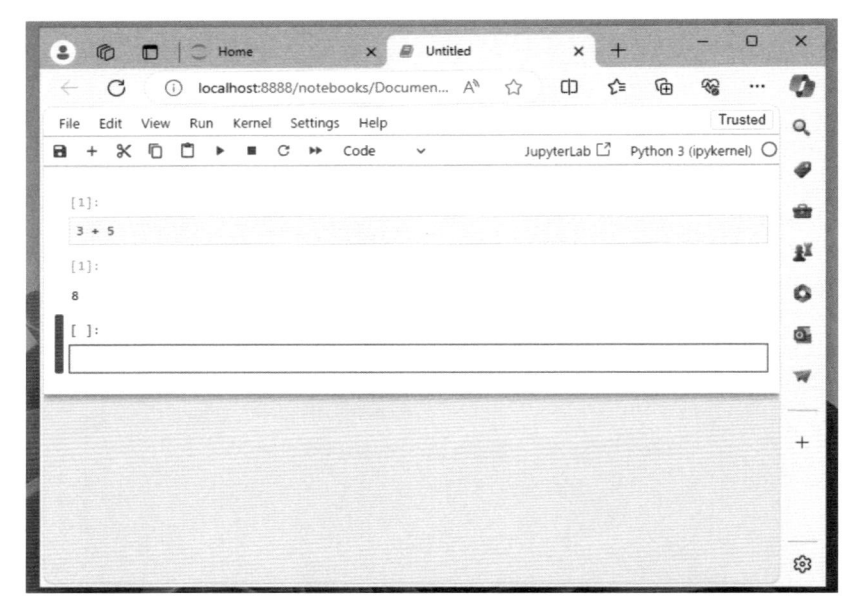

図 A.6. Jupyter Notebook での Python プログラムの実行

　Jupyter Notebook と Google Colab では若干デザインや操作性に違いがありますが，基本的には本書のプログラムはそのまま動作します．なお，5.1 節で説明したように，Google Colab はクラウドで動作していますので，自分のデータを読み込みたいときはその都度アップロードする必要がありましたが，Jupyter Notebook は自分のパソコンで動作していますので，その手間はありません．データファイルを同じフォルダに用意するだけで本書のプログラムは動作します．また，形態素解析のインストールなども一度行えば十分で，Google Colab と違って接続し直すたびに再度インストールする手間はありません．

Mac をお使いの方向けの補足

　Mac でもインストールの手順は大きく変わりません．ただし本書執筆時点では，ダウンロードの際に Intel Mac か Apple Silicon（2020 年から一部製品で採用されている，Apple 製の新しいプロセッサを内蔵した Mac）か

を選択する必要があるようです．.pkg 形式のファイルがダウンロードされますので，これをダブルクリックし，デフォルトの設定のまま指示に従ってインストールすれば大丈夫です．また，インストールしても，Mac では直接 Jupyter Notebook という名前のアプリのアイコンは作られないようです．代わりに，Anaconda Navigator というアプリを立ち上げると，Jupyter Notebook が選べるようになっています（図 A.7）．コマンド操作に慣れている方は，ターミナルで直接 jupyter notebook と打ち込むのでもかまいません．

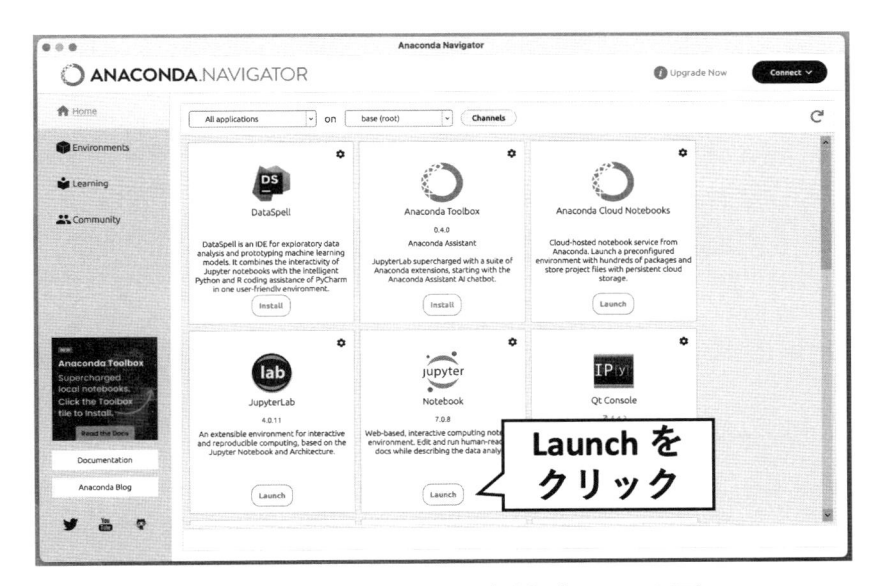

図 A.7.　Mac での Anaconda Navigator の画面

Python の実行方法についての補足

　本書では，Google Colab または Jupyter Notebook というアプリケーションを通じて Python を実行する方法を紹介しました．言語研究の目的では，これが一番便利でかつ十分であることが多いです．ただし，これは Python のプログラムの実行方法としては比較的特殊で新しいものだということも知っておくとよいでしょう．より一般的な方法は，テキストエディタ（本書

の第 2 章・第 3 章で使用した VSCode がおすすめです）で Python のプロ
グラムのファイルを作成し（拡張子は .py です），そのファイルを実行する
やり方です．パソコンをコマンドで操作することに慣れていないとこの方法
は利用しにくいため，本書ではこの方法については詳しく扱いませんでした
が，本格的に Python に取り組みたい方は，そちらの方法にも習熟するのが
おすすめです．

文献案内

Python についての本

Python についての本は無数に出版されていますが，プログラミング初心者向けのものをいくつかピックアップします．

- 高橋麻奈（2018）『やさしい Python』（SB クリエイティブ）
- 山田祥寛（2020）『独習 Python』（翔泳社）
- 松浦健一郎・司ゆき（2021）『Python［完全］入門』（SB クリエイティブ）
- 柴田淳（2016）『みんなの Python 第 4 版』（SB クリエイティブ）
- 柴田望洋（2023）『新・明解 Python 入門 第 2 版』（SB クリエイティブ）
- 鎌田正浩（2022）『確かな力が身につく Python「超」入門 第 2 版』（SB クリエイティブ）

大きな書店で読みやすそうなものを探されるのがよいのではないかと思います．お使いの環境（Windows，Mac など）に合わせた解説がされているかどうか，コマンド操作で Python を動かすことを前提にしているかどうかなどをチェックされるとよいと思います．また，統計処理・Web アプリ作成・デスクトップアプリ作成など特定の応用例に大きくページを割いている本がありますので，それがご自身の関心に合っているかどうかに応じて選ぶとよいと思います．なお，Python 初心者向けを銘打っていたとしても，他のプログラミング言語の知識がある人を想定している本などもありますので注意が必要です．

Python によるデータ処理に特化した本も多数出版されていますが，ここでは次の 2 冊を挙げます．

- 池内孝啓・片柳薫子・@driller（2020）『改訂版 Python ユーザのための

Jupyter［実践］入門』（技術評論社）

・Wes McKinney（2022）Python for Data Analysis. O'Reilly Media. ／
瀬戸山雅人・小林儀匡　訳（2023）『Python によるデータ分析入門　第 3
版』（オライリー・ジャパン）

大名力（2012）『言語研究のための正規表現によるコーパス検索』（ひつじ書房）

　本書でも紹介した正規表現を言語研究で活用する方法について，より本格
的に知りたい方におすすめです．本書で正規表現の基本を押さえたあとなら
すんなり読めるのではないかと思います．

閻琳・堤良一（2023）『レポート・卒論に役立つ　日本語研究のための統計学入門』（くろしお出版）

　統計ソフトウェアとして SPSS と js-STAR を使った，言語研究者向けの
統計の入門書です．紹介されている事例は容認度判断などを題材にしたもの
も多いですが，コーパス研究の事例もあります．

石川慎一郎・前田忠彦・山崎誠（2010）『言語研究のための統計入門』（くろしお出版）

　コーパス研究を中心とした言語研究における統計的手法の利用について，
多変量解析などの発展的な手法も含めて詳しく解説されています．概念的説
明，実践例，文献紹介などがいずれも充実しています．

石川慎一郎（2021）『ベーシックコーパス言語学　第 2 版』（ひつじ書房）

　コーパス言語学全般にわたって入門的な知識を得たいならおすすめです．
日本語と英語に関して研究事例紹介も多いですので，コーパスを用いてどん
な研究が可能か知りたい方はまずこれを眺めてみるのが良いかもしれませ
ん．

小林雄一郎（2019）『ことばのデータサイエンス』（朝倉書店）

　テキストマイニングを中心とした入門書です．テキストマイニングは社会学やビジネスなどで活用されている技術で，特定の文法事項などに関心があることが多い狭い意味での言語研究とは力点が異なり，例えば注目されているトピックを特定するなど，テキストの内容についての傾向を捉えることに主眼があることが多いですが，手法が重なる部分も多くあります．さまざまな手法が簡潔に紹介されていますので，分野を概観するのに向いています．

小林雄一郎（2023）『R によるやさしいテキストアナリティクス』（オーム社）

　R は統計処理を得意とするソフトウェアですが，テキスト処理全般も行うことができるプログラミング言語でもあります．この本は R を用いたコーパスの読み込みから統計的な分析の事例まで学ぶことができる実践的な内容です．

中俣尚己（2021）『「中納言」を活用したコーパス日本語研究入門』（ひつじ書房）

　本書でも触れた「中納言」（国立国語研究所のオンラインのコーパス検索ツール）と Excel を用いた研究方法の解説と事例紹介です．中納言について詳しく知りたい方，またピボットテーブルなど Excel の機能を使いこなしたい方はもちろん，コーパス研究に関心のある方全般におすすめです．

機能一覧

　ここでは本文中に登場した主要な正規表現および Python の機能を一覧表にまとめました.

第3章　検索をしよう

3.2.　正規表現：高度な検索をしよう

記号	説明	例
?	直前の文字があってもなくてもよい	てい?る 「ている」と「てる」の両方にマッチ
.	任意の1文字	の.の 「のもの」「の手の」などにマッチ
+	1回以上の繰り返し	あ+ 「あ」「あああ」などにマッチ
*	0回以上の繰り返し	すごー*い 「すごい」「すごーーい」などにマッチ
[ ]	候補の文字の列挙	[こそあど]れ 「これ」「それ」「あれ」「どれ」にマッチ
[-]	範囲指定	[0-9] 数字にマッチ
[^]	～以外	[^こそあど]れ 「こ」「そ」「あ」「ど」以外の文字＋「れ」にマッチ
|	または	赤シャツ|山嵐 「赤シャツ」と「山嵐」にマッチ
^	行の先頭	^三 行頭にある「三」にマッチ

$	行の末尾	。$ 行末にある「。」にマッチ
\b	語境界	\bthe\b the という単語にマッチ
( ) と \1	後方参照	([あ-ん])\1 同じひらがなの連続にマッチ
{ }	個数指定	[あ-ん]{2} ひらがな 2 文字にマッチ

3.3.　正規表現による置換

記号	説明	例
+?	1 回以上の繰り返し（最小一致）	《.+?》 《 と 》で囲まれた 1 字以上の文字列のうち最も短いものにマッチ

第 4 章　Python に触れてみよう

4.2.　Python を電卓として使ってみる

項目	説明	例
+	足し算	3 + 5 結果 8
-	引き算	13 - 5 結果 8
*	かけ算	2 * 7 結果 14
/	わり算	15 / 2 結果 7.5
//	わり算（小数点以下切り捨て）	15 // 2 結果 7

%	わり算の余り	15 % 2 結果 1
( )	計算の順序を示す	(3 + 5) * 5 結果 40

4.3. 変数

項目	説明	例
=	代入	number = 1 変数 number に 1 を代入
+=	足した結果を再び代入	number += 1 変数 number に 1 を足したものを number に再び代入

4.4. Python で文字列を扱おう

項目	説明	例
	文字列を作成	word = 犬 word 結果 '犬'
+	文字列の連結	'猫' + '舌' 結果 '猫舌'
	インデクシング	word = 'チョコレート' word[0] 結果 'チ'
	スライシング	word = 'チョコレート' word[1:3] 結果 'ョコ'
len()	長さを調べる	word = 'チョコレート' len(word) 結果 6

str()	数値を文字列に変換	number = 8 str(number) 結果 '8'
	f文字列（変数の文字列への埋め込み）	total = 700 f'合計で{total}円です。' 結果 '合計で700円です。'
int()	文字列を整数に変換	a = '191' int(a) 結果 191

第5章　Python で検索をしよう

5.1.　ファイルの内容を表示してみよう

項目	説明	例
with	ファイルを開くときに用いる	with open('sample.txt') as file: sample.txt というファイルを開いて以下の作業を行う
for	くりかえしに用いる	for line in file: file の各行について以下を繰り返す
.rstrip()	末尾の改行などを削除	line = line.rstrip() line 末尾の改行などを削除して自身に再び代入
print()	表示	print(line) line の内容を表示
#	コメントの作成	# 改行を削除 コメントのためプログラムの実行には影響しない

5.2. 条件分岐

項目	説明	例
if	条件分岐に用いる	`if temperature >= 30:` temperature が 30 以上のときだけ以下を行う
>	より大きい	`5 > 3` 結果 True
<	より小さい	`5 < 3` 結果 False
==	等しい	`12 * 12 == 144` 結果 True
!=	等しくない	`12 * 12 != 144` 結果 False
>=	以上	`5 >= 5` 結果 True
<=	以下	`5 <= 8` 結果 True
in	含まれる	`'e' in 'mystery'` 結果 True
not in	含まれない	`i not in 'mystery'` 結果 True
.startswith()	〜から始まる	`'unthinkable'.startswith('un')` 結果 True
.endswith()	〜で終わる	`'incredible'.endswith('able')` 結果 False

and	かつ	`word = 'unthinkable'`
		`word.startswith('un') and word.endswith('able')`
		結果 True

or	または	`word = 'interesting'`
		`word.endswith('ing') or word.endswith('ed')`
		結果 True

not	否定	word = 'said' not word.endswith('ed') 結果 True

else	でなければ	temperature = 5
		if temperature >= 30:
		　print('暑いですね')
		else:
		　print('暑くはないですね')
		結果 '暑くはないですね'

elif	ではなくて〜
	ならば
		temperature = 20
		if temperature >= 30:
		　print('暑いですね')
		elif temprature >= 10:
		　print('ちょうどいいですね')
		else:
		　print('寒いですね')
		結果 'ちょうどいいですね'

5.4. Python で正規表現を使おう

項目	説明	例
import	モジュールの 読み込み	import re 正規表現モジュールの読み込み
re.search()	正規表現検索	re.search(r'^[春夏秋冬]', line) line が「春」「夏」「秋」「冬」のどれかで始ま るかどうかを調べる
re.sub()	正規表現によ る置換	re.sub(r'《.+?》', '', line) line から《》で囲まれた部分を削除
print()	表示	print(line) line の内容を表示

第6章 繰り返し処理を学ぼう

6.2. ループの制御

項目	説明	例

continue	ループを1回スキップ	`if animal == '猫':`
		`    continue`
		animal が '猫' である場合はループをスキップ

break	ループを中断	`if animal == '猫':`
		`    break`
		animal が '猫' である場合はループを中断

第7章 単語リストを作ろう

7.1. リストを作ろう

項目	説明	例
.lower()	小文字に変換	`'TOKYO'.lower()` 結果 `'tokyo'`

	リストを作成	`seasons = ['SPRING', 'SUMMER',`
		`'FALL', 'WINTER']`
		seasons というリストを作成

+	リストの連結	`[1, 2] + [3, 4]` 結果 `[1, 2, 3, 4]`

	インデクシング	`seasons = ['SPRING', 'SUMMER',`
		`'FALL', 'WINTER']`
		`seasons[0]`
		結果 `'SPRING'`

	スライシング	`seasons = ['SPRING', 'SUMMER',`
		`'FALL', 'WINTER']`
		`seasons[:2]`
		結果 `['SPRING', 'SUMMER']`

len()	長さを調べる	seasons = ['SPRING', 'SUMMER', 'FALL', 'WINTER'] len(seasons) **結果** 4
.append()	リストへの要素の追加	seasons = ['SPRING', 'SUMMER', 'FALL', 'WINTER'] seasons.append('梅雨') seasons **結果** ['SPRING', 'SUMMER', 'FALL', 'WINTER', '梅雨']
.extend()	リストを連結して引き延ばす	numbers = [1, 1, 2, 3] more_numbers = [5, 8, 13] numbers.extend(more_numbers) numbers **結果** [1, 1, 2, 3, 5, 8, 13]
.sort()	並べ替え	numbers = [8, 4, 16, 1, 2] numbers.sort(reverse=True) numbers **結果** [16, 8, 4, 2, 1]

7.2. ループとリスト

項目	説明	例
	リスト内包表記	[season.lower() for season in seasons] cities に含まれるすべての要素を小文字に変換したリストを返す

7.3. コーパスから単語のリストを作ろう

項目	説明	例

`.split()`	文字列を分割してリストに変換	`sentence = "I didn't see Mr. Smith."`
		`sentence.split()`
		結果 `['I', "didn't", 'see', 'Mr.', 'Smith.']`

`.join()`	リストをつなげて文字列に変換	`words = ['I', "didn't", 'see', 'Mr.', 'Smith.']`
		`' '.join(words)`
		結果 `"I didn't see Mr. Smith."`

`nltk.`
`tokenize.`
`word_`
`tokenize()`
	NLTK を用いた単語分割	`import nltk`
		`nltk.download('punkt')`
		
		`sentence = "I didn't see Mr. Smith."`
		`nltk.tokenize.word_`
		`tokenize(sentence)`
		結果 `['I', 'did', "n't", 'see', 'Mr.', 'Smith', '.']`

`.parse()`	MeCab を用いた単語分割	`! pip install mecab-python3 unidic-lite`
		`import MeCab`
		`wakati = MeCab.Tagger('-Owakati')`
		
		`sentence = '寒くなりましたね'`
		`wakati.parse(sentence).split()`
		結果 `['寒く', 'なり', 'まし', 'た', 'ね']`

第8章　頻度表を作ろう：ディクショナリ

8.1.　ディクショナリを作ろう

項目	説明	例

	ディクショナリを作成	`ja2en = {'目': 'eye', '鼻': 'nose',`
		`'耳': 'ear', '口': 'mouth'}`
		ja2en というディクショナリを定義

	ディクショナリを引く	`ja2en['目']` 結果 eye
in	ディクショナリにキーがあるかどうかを調べる	`'手' in ja2en` 結果 False
	ディクショナリに項目を追加もしくは変更	`ja2en['手'] = hand` '手' をキーとする項目を追加

8.2.　頻度表を作ろう

項目	説明	例

sorted()	並べ替えた結果を返す	`sorted(freq_dict, key=freq_dict.get,`
		`reverse=True)`
		ディクショナリ freq_dict のキーを対応する値が大きい順に並べ替えた結果を返す

8.3.　頻度表を作るときに便利な機能

項目	説明	例

collections.defaultdict()	新しいキーにアクセスするとデフォルトの値が返る特殊なディクショナリを作成	`import collections`
		`freq_dict = collections.`
		`defaultdict(int)`
		デフォルトで0が入っている freq_dict という特殊なディクショナリを作成

collections.Counter()	頻度表を作成	collections.Counter(word_list) word_list から頻度表を作成
.most_common()	頻度表から頻度上位を返す	collections.Counter(word_list).most_common(10) word_list から頻度上位 10 位を返す

第 9 章　自分で機能を作ろう：関数

9.2.　関数を作ってみよう

項目	説明	例
def	関数を定義	def get_first_letter(string): 関数 get_first_letter を以下のとおり定義. 引数として string を受け取る
return	値を返す	def get_first_letter(string): 　return string[0] 関数が string[0] を返すと定義

第 10 章　表形式のデータを扱おう

10.1.　pandas の基本

項目	説明	例
pd.DataFrame()	データフレームを作成	import pandas as pd df = pd.DataFrame([['dog', 28], 　　　　['cat', 33], 　　　　['hippo', 3], 　　　　['horse', 12]]) リストからデータフレームを作成
.columns	列見出し	df.columns = ['単語','頻度'] 列見出しを設定

.sort_ values()	並べ替え	df.sort_values(by='頻度', ascending= False) 頻度の列で降順に並べ替え
	条件による 絞り込み	df[df['頻度']>=20] 頻度 20 以上のものに絞り込み

10.2. 形態素解析結果を分析しよう

項目	説明	例
.str.star tswith()	文字列の startswith() に相当する pan- das の機能	df[df['品詞'].str.startswith('動 詞')] 品詞の列が '動詞' で始まるものに絞り込 み
.groupby()	グループ化	verb_df.groupby('語彙素')['語彙 素'].count() 語彙素ごとの頻度をカウント
.index[]	インデクスを取得	df.index[df['語彙素']=='勝つ'] 語彙素が '勝つ' である箇所のインデクス を取得
.to_list()	pandas のデータ を通常のリストに 変換	df['書字形出現形'].to_list() 「書字形出現形」の列をリストとして返す

第 11 章 応用編

11.2. 表形式のデータをウェブページで閲覧できるようにしよう

項目	説明	例
'''	文字列の引用（複 数行可）	html_part = '''<li>{item}</li>'''

`.format`	テンプレートを埋めて文字列を生成	`'{word}[{pron}]'.format(`
		`    word='かなまい',`
		`    pron='kanamai')`
		結果 `かなまい[kanamai]`

`pd.read_` `excel()`	pandas で Excel の表を読み込み	`df = pd.read_excel('dict.xlsx')` dict.xlsx というファイルを pandas のデータフレームとして読み込み

`.apply()`	pandas データフレームの各行に同じ操作を適用	`df['項目'] = df.apply(gen_entry,`
		`axis=1)`
		データフレームの各行に gen_entry() という関数を適用した結果を `'項目'` という新しい列として追加

11.3. 大規模コーパスの検索結果を分析しよう

項目	説明	例

`pd.read_`
`csv()`
	pandas でテキストファイルから表を読み込み	`df = pd.read_csv('chau.txt',`
		`delimiter='\t')`
		chau.txt というタブ区切りテキストファイルを pandas のデータフレームとして読み込み

`.plot()`	グラフの描画	`df.plot(kind='bar')` データフレームから棒グラフを作成

索　引

1. 事項と関数名などに分けて，日本語は五十音順に，英語（で始まるもの）はアルファベット順に並べている．
2. 数字はページ数を示し，主要なページは太字とした．

著者紹介

淺尾　仁彦（あさお　よしひこ）

2015 年，ニューヨーク州立バッファロー校にて Ph.D.（言語学）取得．名古屋大学講師を経て，現在は国立研究開発法人情報通信研究機構（NICT）主任研究技術員．専門は，理論言語学，コーパス言語学，自然言語処理．著書に『認知音韻・形態論』（共著，くろしお出版，2013），『言語研究のためのプログラミング入門』（共著，開拓社，2013）がある．日本言語学会，日本認知言語学会，言語処理学会会員．

言語研究のための Python 活用術　　　　ISBN978-4-7589-2410-8　C3080

著　者	淺尾仁彦	
発行者	武村哲司	
印刷所	日之出印刷株式会社	

2025 年 1 月 11 日　第 1 版第 1 刷発行©

発行所　　株式会社　開拓社

〒112-0003 東京都文京区春日 2-13-1
電話　（03）6801-5651（代表）
振替　00160-8-39587
https://www.kaitakusha.co.jp